Ilona Stölken

GENF

Ein Stadtführer

Lehmstedt Reiseführer

GENF GESTERN UND HEUTE

Denkt man an Genf, hat man als erstes die prächtige Fontäne vor Augen – Genfs Wahrzeichen mitten im Lac Léman, wie der Genfer See hier heißt. Die Stadt ist äußerst reizvoll gelegen, eingerahmt von den Ausläufern des Jura im Norden und von den Alpen mit ihrem schneebedeckten Mont Blanc im Süden. Ein Ort, an dem man alle Vorteile einer Großstadt genießt und gleichzeitig eingebettet ist in eine traumhafte Landschaft mit alten Domänen, Herrenhäusern und Schlössern, beschaulichen Weindörfern und großartigen Ausblicken auf den See. Die berühmten Weinberg-Terrassen von Lavaux, UNESCO-Weltkulturerbe zwischen Genf und Montreux, sind nur eines von zahlreichen Ausflugszielen. Genf ist ein europäischer Verkehrsknoten: mit dem TGV ist man in knapp drei Stunden in Paris, in die Provence fährt man vier Stunden, nach Mailand drei, und durch den Mont-Blanc-Tunnel ins Aosta-Tal ist es fast ein Katzensprung. Der Genfer Flughafen ist nach Zürich der zweitgrößte in der Schweiz. Von hier werden alle wichtigen Städte und Feriengebiete Europas angeflogen, ferner die Golfregion, Nordamerika und Asien. Zürich oder Basel sind drei Stunden entfernt, doch obwohl sie ebenfalls zur Schweiz gehören, zieht es die Genfer nur selten dorthin. Deutsch ist zwar erste Fremdsprache in der französischen Schweiz, die auch die Waadt (Vaud),

Neuchâtel, Fribourg, den Jura und Teile des Wallis umfasst, aber deshalb versteht man noch lange kein Schwyzerdütsch, wie es die deutschsprachigen Eidgenossen sprechen. Genf liegt im äußersten Zipfel der Schweiz, fast vollständig umgeben von Frankreich, und das hat seine Spuren hinterlassen. Hier ist die Sprache so französisch wie der Lebensstil – Kneipengemütlichkeit und Geranien vor den Fenstern sucht man vergeblich, dafür genießen Wein und gutes Essen einen hohen Stellenwert. Vor allem mittags sind die Brasserien und Restaurants auf den verlockenden Altstadtplätzen und an der Rhône gut besucht. Das milde Klima erlaubt es, bis weit in den Herbst hinein draußen zu sitzen. Die Lebensqualität ist hoch, eine der höchsten weltweit, und das hat seinen Preis: Genf ist auch eine der teuersten Städte der Welt.

Genf war nie eine große Industriemetropole, es verdankt seinen Reichtum den Banken. Sie haben der Stadt früh einen internationalen Ruf beschert, den Genf später auch für humanitäre Anliegen zu nutzen wusste. Seinem Bürgersinn, der sich aus der christlichen Überzeugung selbstbewusster Protestanten speist, haben wir das Rote Kreuz und die Genfer Konventionen zu verdanken. Heute wird Genf vor allem als Stadt der UNO und der internationalen Diplomatie wahrgenommen – neutraler Verhandlungsort für Außenministertreffen und Frie-

Genfer Wappen
Stadt- und Kantonswappen zeigen jeweils auf der Hälfte des Schildes den halben Reichsadler (Genf gehörte wie die gesamte Schweiz seit 1032 zum Heiligen Römischen Reich deutscher Nation) und den Schlüssel von St. Peter, des Patrons des Bistums Genf (siehe S.1). Die Sonne mit der Inschrift IHΣ (Kurzform für Jesus) kam wie der Wahlspruch unterhalb des Schildes »Post Tenebras Lux« (nach der Finsternis kommt das Licht) während der Reformationszeit hinzu.

Die »Escalade« von Genf, 1602

Der »Geist von Genf« ist jene unvergleichliche Mischung von humanitärer Gesinnung, Toleranz und Weltzugewandtheit, die ausgleichen, Brücken bauen und Frieden schaffen will. Bürgerschaftliches Engagement und die berühmte Höflichkeit der »ville discrète« gehören dazu. Aber »Esprit de Genève« ist auch ein feiner Rotwein aus Genfer Lagen, der bestimmte Auflagen erfüllen muss und nur von wenigen Winzern produziert wird.

densgespräche, der es in Krisenzeiten allabendlich in die Fernsehnachrichten schafft. Ob Menschenrechte, Abrüstung oder Weltfrieden: seit hundertfünfzig Jahren ist Genf das Synonym für Streitschlichtung und humanitäre Bewegungen, Sitz von mittlerweile 30 internationalen Organisationen, u. a. so bedeutenden wie dem Hochkommissar für Menschenrechte, dem Flüchtlingshilfswerk der Vereinten Nationen und natürlich dem Internationalen Komitee vom Roten Kreuz.

Der »Geist von Genf« wirkt universal, und er spiegelt sich in der Bevölkerung, die zu einem Drittel aus Ausländern besteht, wider. Kaum zu glauben, dass diese Stadt nur 195 000 Einwohner hat (mit dem Rest des Kantons 370 000) – die kleinste Metropole der Welt, wie die Tourismusindustrie kokett verkündet. Genève, wie die in der französischen Schweiz (Romandie) gelegene Stadt hier heißt, ist die internationalste aller Schweizer Städte, ein Ort, der stolz ist auf seine liberale Gesinnung und Politik und dessen Wähler bei der berüchtigten Volksabstimmung für eine Zuwanderungsbegrenzung klar mit Nein votiert haben. Hier gibt es ein junges und buntes Völkergemisch aus immer neu sich austauschenden internationalen Diplomaten, UN-Beamten und Börsenmaklern, die am rechten Seeufer mehr und mehr Büro- und Wohnraum beanspruchen und fast so etwas wie eine Stadt für sich bilden. Aber da ist auch das alte Genf, die »Vielle ville« auf dem Hügel mit ihrer imposanten Geschlossenheit und ihrer mächtigen Kathedrale – einst politisches Zentrum des »protestantischen Rom«, eines nüchtern und streng regierten Kirchenstaates, der bis ins 19. Jahrhundert eingeschlossen war von einem Befestigungsring. Wie lebt es sich mit diesem Erbe, wie passen rechtes und linkes Seeufer zusammen?

Genf, die keltische Allobroger-Siedlung am Ausfluss der Rhône aus dem Genfer See, im Jahr 121 v. Chr. von den Römern erobert, brauchte lange, um sich aus den Umarmungs- und Einnahmeversuchen mächtiger Nachbarn zu befreien. Burgunder und Franken jagten es sich gegenseitig ab, bis es 1032 zum Heiligen Römischen Reich deutscher Nation kam. Der wahre Konflikt aber spielte sich in der Folgezeit ab zwischen dem örtlichen Bischof, den auf Machtausdehnung drängenden Nachbarn aus Savoyen (seit 1860 Frankreich) und einem auf Recht und Freiheit pochenden Bürgertum. Dank Genfs günstiger Verkehrslage als Knotenpunkt bedeutender Handelsstraßen nach Frankreich, Italien und in die Zentralschweiz wurde die Stadt im 15. Jahrhundert wichtigstes Umschlagzentrum für Südeuropa. Im traditionellen Geschäftsviertel der Unterstadt am See standen die Marktstände dicht an dicht und bildeten lange, mit Holzdächern beschützte Verkaufsreihen in den Straßen. Die großen Handelsmessen brachten der Stadt internationales Renommee, dazu lukrative Geldgeschäfte und die

Genf um 1640, Kupferstich von Matthäus Merian d. Ä.

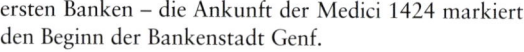

Genf mit dem Mont Blanc, Blick von Nordwesten, um 1770

ersten Banken – die Ankunft der Medici 1424 markiert den Beginn der Bankenstadt Genf.

Die zu Wohlstand gelangten Bürger wollten ihre politischen Geschicke allein bestimmen; an der Bevormundung des bischöflichen Stadtherrn störten sie sich um so mehr, als es ihren savoyardischen Nachbarn und Feinden gelungen war, den Bischofsstuhl mit einem der Ihren zu besetzen. Das Herzogtum Savoyen, das mittlerweile einen Großteil der Region rund um den Genfer See beherrschte und sich als i-Tüpfelchen auch Genf einverleiben wollte, war ärgster Feind Genfs, das die Militärmacht Bern um Unterstützung bat. Religiöse Differenzen kamen im Zeitalter der Reformation dazu. Bern, seit 1528 reformiert, hatte einen Grund mehr, gegen die katholischen Savoyarden loszuschlagen, wollte aber auch Genf bekehren und schickte mit den Truppen auch den protestantischen Wanderprediger Guillaume Farel auf den Genfer Hügel. Farels Predigten verfingen, denn die Genfer Bürger erkannten, dass sie mit der Reformation zugleich den verhassten Bischof abschütteln und mit Berns Hilfe auch den ersehnten Befreiungsschlag landen konnten gegen die savoyardische Bedrohung. Aber zum Untertan Berns zu werden, kam auch nicht in Frage.

Die Bürger, die den reformierten Glauben am 21. Mai 1536 feierlich annahmen, waren die stolzen Bewohner einer nun politisch wie religiös unabhängigen

Jean Calvin, Porträt von Hans Holbein d. J., um 1550

Republik. Gegen die äußeren Feinde gingen sie in Stellung und errichteten eine Wehrmauer, die Genf uneinnehmbar machen sollte. Gegen die internen Machtkämpfe, die nach der Flucht des Bischofs aufbrachen und die junge Stadtrepublik in Unruhe versetzten, brauchten sie Hilfe einer Autorität, die von außen kam und sich nicht auf die Gewehrläufe einer Partei stützte. Farel holte Jean Calvin, einen aus seiner französischen Heimat geflohenen dogmatischen Protestanten und durchsetzungsfähigen Juristen. Calvin formte Genf zur Hochburg des Calvinismus – seiner ureigenen Spielart der protestantischen Lehre –, der über die von ihm gegründete theologische Akademie, die spätere Universität, weit über die Grenzen Genfs Verbreitung und Anerkennung fand.

Die kleine reformierte Republik wirkte hinein nach Europa und wurde während der Religionskriege des 16. und 17. Jahrhunderts zum sicheren Hafen für Tausende protestantische Flüchtlinge vor allem aus dem benachbarten Frankreich. Seitdem schreibt sich Genf das Toleranzprinzip auf seine Fahnen – ein Toleranzgedanke freilich, den Calvin nicht gegenüber religiösen Abweichlern und Andersdenkenden gelten ließ. Deren »Sündenfall« wurde geahndet mit Ausweisung aus der Stadt oder, schlimmer noch, mit der Todesstrafe. Das Puritanisch-Nüchterne, ja Lustfeindliche, wurde zum Merkmal der Genfer Republik und prägte Mentalität und Lebensstil weit über den Tod des Reformators 1564 hinaus.

Arbeit als Lob Gottes blieb höchstes Gebot, zusammen mit Sparsamkeit und Askese war dies die Gewähr für Aufschwung und bürgerlichen Wohlstand, der Genf bis heute prägt. Seinen Reichtum ostentativ zur Schau zu stellen und mit Luxus zu protzen, ist nach wie vor verpönt, man schaue sich nur in den bekannten Einkaufsstraßen um. In Genf ist man gediegen und diskret. Geld hat seinen Stellenwert, wie sollte es auch anders sein in einer der reichsten Städte der Welt, aber mindestens ebenso wichtig sind Herkunft und Abstammung aus einer der alten, zu Einfluss und Wohlstand gelangten Genfer (Flüchtlings-) Familien.

Genf hatte schon während der großen Messen einen hohen »Ausländeranteil«, aber nun kamen die verfolgten Protestanten in großen Schüben. Allein das Jahrzehnt zwischen 1550 und 1560 verzeichnete einen sprunghaften Anstieg der Bevölkerung um 150 Prozent auf 25 000 Einwohner. Nicht alle Flüchtlinge blieben, bis zur nächsten großen Welle nach der blutigen Bartholomäusnacht (1572) pendelte sich die Zahl bei 15 000 ein. Die

Bartholomäusnacht
Um die seit 1562 in Frankreich tobenden Religionskriege zu beenden, wurde die katholische Margarete von Valois, Schwester des französischen Königs Karl IX., mit dem protestantischen (hugenottischen) Heinrich von Navarra verheiratet. Die machtbewusste Mutter des unmündigen Königs, Katharina von Medici, nutzte die Gelegenheit, die zu den mehrtägigen Hochzeitsfeiern fast vollständig in Paris versammelten militärischen und politischen Führer der Hugenotten in der Nacht zum 24.8.1572 (Festtag des Heiligen Bartholomäus) niedermetzeln zu lassen. Dem brutalen Massenmord, der auch auf einige Provinzstädte übergriff, fielen Tausende Hugenotten zum Opfer. Der bei der »Bluthochzeit« verschont gebliebene Heinrich von Navarra bestieg 1589 – zum Katholizismus konvertiert – als Heinrich IV. den französischen Thron und gewährte den Hugenotten im Edikt von Nantes (13.4.1598) weitgehend freie Religionsausübung.

Place du Molard mit genftypischer Hochlaube (dôme) und Verkaufsstand am linken Bildrand, Aquarell von Christian Gottlieb Geissler, 1794

mehrheitlich französischen und italienischen Zuwanderer vergrößerten nicht einfach nur die Stadtbevölkerung. Sie nahmen das Zepter in die Hand, wirtschaftlich wie politisch, besetzten nach und nach die entscheidenden Posten und machten Genf zu ihrer Republik. Der Stadtstaat profitierte enorm von diesem Zuzug. Dass Genf zur Stadt der Luxusuhren wurde, die heute vor allem den arabischen und chinesischen Markt im Auge hat, verdankt es den französischen Hugenotten, die ihr Handwerk mitbrachten – und Calvin. Edles Geschmeide gehörte seit 1541 zu den verbotenen Luxusgütern, Uhren hingegen waren erlaubt, musste doch der Gottesdienst pünktlich eingehalten werden. Quasi aus der Not geboren, taten sich die städtischen Goldschmiede und Juweliere mit den französischen Uhrmachern zusammen und begründeten neben dem Baumwolldruck und der Seidenherstellung einen der Hauptwirtschaftszweige der Stadt. Dank ihrer herausragenden Qualität von Beginn an bedeutend für das Auslandsgeschäft, ernährte die Uhrenproduktion im 19. Jahrhundert ein Viertel der Bevölkerung. Traditionsfirmen wie Vacheron Constantin – zugleich älteste noch tätige Uhrenmanufaktur der Welt – und Patek Philippe gehören nach wie vor zu den Aushängeschildern der Genfer Uhrenindustrie, später kamen erfolgreiche Neugründungen wie Rolex, Hublot oder Franck Muller dazu.

Nichts freilich lief ohne Kreditgeschäfte, erst recht nicht im exportorientierten Vergoldungswesen und im Tuchhandel. Calvin persönlich hatte gebilligt, dass für Kredite Zinsen zulässig sein sollten, aber mit Blick auf die Armen eine Obergrenze von fünf Prozent festgelegt. (De facto stiegen sie noch im 16. Jahrhundert auf zehn Prozent.) Genfs Händler und Bankiers machten prächtige Geschäfte im Ausland – durchaus auch mit den katholischen Staaten – und traten zunehmend auch als Geldgeber der europäischen Höfe auf. Ihr Reichtum schlug sich nieder in stattlichen Wohnpalästen hoch oben auf der Befestigungsmauer, die noch immer zu den Attraktionen der Stadt zählen.

Jean-Jacques Rousseau, Porträt von Maurice Quentin de La Tour, 1753

Bankenmetropole ist Genf bis heute geblieben, ihre Bürogebäude und Leuchtschriften bestimmen die Silhouette am Seeufer. Mehr als 120 Bankhäuser unterschiedlicher Ausrichtung gibt es hier sowie 3200 sonstige Finanzdienstleister, ferner Beratungsfirmen und Anwaltskanzleien – ein Sektor, der mehr als 36 000 Beschäftigte hat. Auch nach der Aufhebung des Schweizer Bankgeheimnisses laufen die Geschäfte, zumal sich Genf in den letzten Jahren im Rohstoffhandel einen Namen gemacht hat – es ist zweitgrößter europäischer Sitz für die Rohstoffbörsen nach London.

An diesen Geschäften hängen wiederum andere Wirtschaftszweige. Genfs berühmte Grandhotels werden

Place de Bel-Air, kolorierter Kupferstich von Pierre Escuyer, 1822

Genf um 1850, Stadtmodell von Auguste Magnin

Voltaire *(eigentl. François-Marie Arouet) 1694–1778, Philosoph und Schriftsteller. Der Sohn eines Pariser Notars und Zögling eines Jesuitenkollegs zog als Literat und Philosoph gegen Aberglauben, Fanatismus und die Traditionen der Kirche zu Felde. Flucht und Exil prägten das Leben des streitbaren Freigeists und Spötters, bis er sich schließlich ab 1755 in Genf und im benachbarten Ferney niederließ, wo er mit seiner Nichte und Mätresse zusammen lebte. 1759 erschien sein bis heute meistgelesenes Werk »Candide oder der Optimismus«. Bis zuletzt schrieb Voltaire Theaterstücke, aufklärerische Schriften und täglich mehrere Dutzend Briefe.*

nicht gefüllt von UNO-Konferenzteilnehmern und internationalen Beamten mit schmalem Übernachtungsbudget, sie bedienen vielmehr die internationale Finanzklientel. Die Hälfte des Umsatzes in der Hotellerie stammt allein von den 14 (!) Fünf-Sterne-Hotels, aber auch die restlichen 116 Übernachtungshäuser kommen auf ihre Kosten – immerhin verbucht das kleine Genf ein Zehntel der Übernachtungen der gesamten Schweiz.

Tatsächlich ist Genf einer der kleinsten und gleichzeitig am dichtesten besiedelten Kantone der Eidgenossenschaft. Schon Voltaire, der am Ende seines Lebens dort sesshaft wurde, spottete: »Wenn ich meine Perücke pudere, dann pudere ich die ganze Republik.« Jahrhundertelang gelang es der ummauerten Stadtrepublik, sich aller Angriffe von außen zu erwehren und die Unabhängigkeit zu bewahren. Die glückliche Vereitelung der sogenannten Escalade von 1602, jenen Versuch der Savoyarden, die Stadtmauern mit Leitern zu erklettern, ist seitdem eingebrannt in die Genfer Geschichte und wird alljährlich mit feierlichem Umzug und Stadtfest in Erinnerung gerufen. Zwar wird auch der 1. August, der Nationalfeiertag der Schweizer, mit Volksbelustigung und Feuerwerk gefeiert, aber gegen die Bedeutung der Escalade kommt er nicht an.

Nur sehr zögerlich haben die Genfer 1815 ihre Unabhängigkeit aufgegeben, aber nach den Jahren der napoleonischen Besetzung von 1798 bis 1814, die der Stadtrepublik einen mächtigen Schlag versetzt hatte, glaubten sie, nur im Schutze der neutralen Schweiz überleben zu können. Die Stadt brauchte für ihren militärischen Schutz aber nicht nur mehr Land, sondern unbedingt eine sichere Landverbindung zum Nachbarkanton Waadt am Nordufer des Sees. Im Zuge der Neuordnung Europas auf dem Wiener Kongress 1815 brachte der Genfer Diplomat Pictet de Rochemont den französischen Außenminister Talleyrand dazu, das katholische Carouge und einen schmalen Uferstreifen mit der Straße nach Versoix an Genf abzutreten. Genf wurde Teil der nun 22 Kantone umfassenden »immerwährend neutralen« Schweiz – auch wenn man sich schwer damit tat, mit ländlichen Bergregionen auf die gleiche Stufe gestellt zu werden. Man tröstete sich mit der eigenen Verfassung und dem stolzen Titel »République et Canton de Genève«. Zu Beginn des 19. Jahrhunderts deutlich größer als das noch unbedeutende Zürich, verstand sich Genf als internationale Metropole, man sah sich mit Paris auf einer Stufe: Genf war eine Stadt des Finanzwesens, der Reformation, des Geistes, und – mit Rousseau und Voltaire, die hier gewirkt hatten – auch der Aufklärung.

Bis heute fällt im Stadtbild auf, dass Genf etwas Eigenes ist, sehr auf sich selbst bezogen. Die städtischen Straßennamen und Denkmäler ehren fast ausschließlich berühmte Genfer Bürger, die man nur einordnen kann,

Voltaire, Porträt von Maurice Quentin de La Tour, um 1740

Die Porte de Neuve in der Bildmitte, links das Musée Rath, rechts das alte Théâtre de Neuve (zerstört 1880 und ersetzt durch das Grand Théâtre)

11

Henri Dunant
1828–1910, Gründer
des Roten Kreuzes.
In eine angesehene
gläubige Genfer Familie
hineingeboren, prägten
ihn Sonntagsschule und
Collège Calvin, aber
für einen Abschluss
reichten die Noten nicht.
Dunant machte eine
Banklehre und wurde
Geschäftsmann. 1859
geriet er geschäftlich in
die Nähe von Solferi-
no, wo gerade eine der
blutigsten Schlachten des
19. Jahrhunderts zu Ende
gegangen war und Zehn-
tausende Verwundete
und Sterbende vergeblich
auf Hilfe warteten. Mit
der erschütternden Nie-
derschrift »Erinnerung
an Solferino« warb er für
eine neutrale Hilfsorga-
nisation. Das mit vier
anderen Genfern 1863
gegründete »Interna-
tionale Komitee der
Hilfsgesellschaften für
die Verwundetenpflege«
war der Anfang des Ro-
ten Kreuzes. 1901 wurde
Dunants Leistung mit
dem ersten Friedensno-
belpreis belohnt.

wenn man sich hier auskennt. Aber die Rhônestadt, die Reservierte, beginnt sich allmählich zu öffnen und von ihrer Geschichte zu erzählen. Seit einiger Zeit werden überall im Stadtraum die öffentlichen Verteilerkästen mit historischen Fotos und Ansichten der jeweiligen Straßen und Plätze überklebt, und man gewinnt einen Eindruck, wie Genf im 19. Jahrhundert ausgesehen hat, als die Stadt ihre Mauern einriss und ihren festungsartigen Charakter abstreifte.

Obwohl Genf seit 1815 eine liberalere Verfassung hatte als die meisten anderen Kantone, waren die Verhältnisse alles andere als republikanisch. Die sich schon im 18. Jahrhundert immer elitärer und aristokratischer gebärdende Regierung war den Bürgern schon lange ein Dorn im Auge. Die Anhänger der radikaldemokratischen Bewegung unter der Führung von James Fazy pochten nun auf die Durchsetzung von Freiheit und Demokratie. 1846, zwei Jahre, bevor die Eidgenossenschaft sich zum modernen Verfassungsstaat bekehrte – dem Schweizer Bundesstaat, wie wir ihn heute kennen, mit dem Regierungssitz Bern – und in Europas Hauptstädten die Revolution tobte, setzte sich in Genf eine demokratische Regierung durch. Aber die Beschränkung auf sich selbst reichte den Bürgern nicht, schließlich war von der Stadt stets auch etwas Weltverbesserndes ausgegangen. Das von Henri Dunant, einem Genfer Kaufmann und überzeugten Calvinisten, initiierte Internationale Komitee vom Roten Kreuz (IKRK), ein Zusammenschluss von fünf einflussreichen Genfer Privatleuten, überzeugte die europäischen Großmächte, 1864 die ersten Regeln zum Schutz von Verwundeten und Kriegsgefangenen zu vereinbaren und dem Genfer Komitee eine starke Wächterrolle für ihre Umsetzung einzuräumen. Bis heute ist das IKRK mit seiner neutralen und diskreten Arbeit ein unverzichtbarer humanitärer Akteur in Kriegen und Konflikten. Zusammen mit dem Hochkommissar für Flüchtlinge ist es Fixpunkt der von Genf ausgehenden humanitären Bewegung.

Diesem humanitären Engagement und der Schweizer Neutralität hat Genf auch den Völkerbund zu verdanken, der nach dem Ersten Weltkrieg am Ufer des Genfer Sees Quartier bezog. Er wirbelte den Ort gehörig durcheinander, zog neue Akteure an und erforderte große Bauprojekte. Er bringe »nur Unannehmlichkeiten in die ruhige Stadt Genf«, seufzt ein Polizist in einem Glauserschen Kriminalroman. Aber er brachte eben auch weltweite Reputation. Von Genf und seinem neuen, eindrucksvollen »Palais des Nations« ging wieder eine Mission aus, die nach dem Zweiten Weltkrieg von der UNO als Nachfolgerin des Völkerbunds fortgesetzt wurde.

Genf war immer hin- und hergerissen zwischen Selbstbeschränkung und Außenwirkung. Bis heute ist der Kontakt schwierig zwischen seiner internationalen Klientel, den Beamten und Diplomaten, die kommen und gehen, und seiner Bevölkerung. Aber wer ist denn wirklich echter Genfer in diesem Kanton, der ohnehin nur zu 67 Prozent aus Schweizern besteht, von denen wiederum ein Drittel eingebürgert ist? Genf ist mehr denn je in seiner Geschichte eine Stadt der Zugezogenen, eine kleine internationale Metropole. Calvinistisch ist sie schon lange nicht mehr. Wenn auch die Mehrzahl ihrer Gotteshäuser nach wie vor reformiert ist, ihre Bevölkerung ist nur noch zu 17 Prozent protestantisch, jeweils doppelt so viele Bürger sind katholisch oder konfessionslos. Mit der humanitären Bewegung, die in der Mitte dieser reformierten Gesellschaft entstand, ist es Genf aber ernst. Sie genießt quasi Verfassungsrang, seit sie in die Präambel der neuen, erst 2013 verabschiedeten Verfassung aufgenommen wurde. Darin verpflichtet sich der Kanton, »sich zur Welt zu öffnen« und »seiner humanitären Bestimmung und den Prinzipien der Allgemeinen Erklärung der Menschenrechte« zu folgen. Es sieht so aus, als habe Genf für die nächsten Jahrzehnte genug zu tun.

James Fazy
1794–1878, Publizist und Politiker. Der Sohn einer angesehenen Familie von Tuchherstellern kam während seines Jurastudiums in Paris früh mit der radikaldemokratischen Szene in Kontakt. 1833 zurück in Genf, wurde er Motor der liberal-demokratischen Bewegung. 1846 gehörte er zu den Anführern der (friedlichen) Genfer Revolution, die für den Kanton das allgemeine Wahlrecht und die Gewaltenteilung durchsetzte und ihn zum Regierungsoberhaupt machte. Fazy gilt als Architekt des modernen Genf, in dessen Regierungszeit sich die calvinistische Trutzburg städtebaulich und politisch modernisierte.

Genf um 1910

13

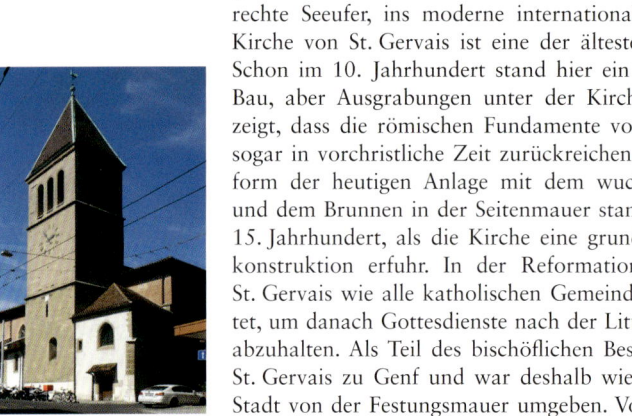

DIE GENFER ALTSTADT

[1] St. Gervais

Tourist Information *Rue du Mont-Blanc 18,*
Mo 10–18 Uhr, Di–Sa 9–18 Uhr, So 10–16 Uhr,
www.geneve.com, Tel. +41 (0)22 9 09 70 00

Der Stadtrundgang startet am rechten Rhôneufer in
der Nähe des Bahnhofs im ehemaligen Arbeiterviertel
St. Gervais, führt danach auf den noblen Altstadthügel und abschließend zurück auf die Rive Droite, das
rechte Seeufer, ins moderne internationale Genf. Die
Kirche von St. Gervais ist eine der ältesten der Stadt.
Schon im 10. Jahrhundert stand hier ein romanischer
Bau, aber Ausgrabungen unter der Kirche haben ge-
zeigt, dass die römischen Fundamente von St. Gervais
sogar in vorchristliche Zeit zurückreichen. Die Grund-
form der heutigen Anlage mit dem wuchtigen Turm
und dem Brunnen in der Seitenmauer stammt aus dem
15. Jahrhundert, als die Kirche eine grundlegende Re-
konstruktion erfuhr. In der Reformationszeit wurde
St. Gervais wie alle katholischen Gemeinden umgestal-
tet, um danach Gottesdienste nach der Liturgie Calvins
abzuhalten. Als Teil des bischöflichen Besitzes gehörte
St. Gervais zu Genf und war deshalb wie die gesamte
Stadt von der Festungsmauer umgeben. Von der politi-

schen Aristokratie in der hochgelegenen Altstadt trennten das dicht besiedelte Viertel hier unten am Rhôneufer soziale Welten: hier lebten die Handwerker und Arbeiter der »Fabrique«, wie die Gesamtheit der selbständig und arbeitsteilig produzierenden Uhrmacher und ihrer Zulieferer in der Genfer Uhrenproduktion hieß. Geht man die Rue des Corps-Saints vor bis zur Rue de Coutance 20, gibt das alte Eckhaus mit seinem aufgestockten Dachgeschoss, in dem die Uhrmacher wegen der Lichtverhältnisse saßen, einen schönen Eindruck davon, wie es hier früher überall aussah.

[2] Quai Turrettini und Rhôneinsel

Die zu Beginn des 15. Jahrhunderts angelegte Rue de Coutance, eine der letzten mit Resten mittelalterlicher Bebauung in dieser Gegend, führt direkt auf die Rhône zu und an jenem Ort vorbei, wo der Genfer Philosoph Jean-Jacques Rousseau kurze Zeit als Kind lebte. Hans Ernis Keramikarbeit von 1967 an der Fassade des Kaufhauses Manor illustriert das frühere St. Gervais-Fest mit seinen Flöten- und Tamburinspielern, das Rousseau so genoss. Nicht viel ist geblieben vom ursprünglichen St. Gervais, seit Stadtplaner im frühen 20. Jahrhundert

Tabula rasa mit dem alten Viertel machten. Zur Aufbruchsstimmung der Völkerbundzeit, in der man den Bahnhof und die Kaianlage gegenüber der Rhôneinsel modernisierte, passte das dazwischen eingeklemmte und als »Slum« gewertete Arbeiterquartier nicht mehr, und so wurde es 1931 abgerissen. Wenn man unten am Wasser von der »Coutance« rechts abbiegt auf den Quai Turrettini und ein paar Meter geht bis zum großen Hotelkomplex, kann man die Neugestaltung erkennen. Zwanzig Jahre lag das Gelände brach, bis es mit dem 1950 eingeweihten Hôtel du Rhône (heute Mandarin Oriental) spektakulär bebaut wurde. Das imposante Gebäude, das mit seiner Fassade der Biegung der Rhône folgt, war der größte Schweizer Hotelneubau der Nachkriegszeit und mondäner Treffpunkt an der »Riviera Genevoise«. Auf der schmalen Rhôneinsel gegenüber führt ein Fußweg auf Wasserhöhe weiter flussabwärts bis zum ehemaligen Wasserkraftwerk Forces Motrices, wo früher Genfs erste Fontäne ihr Wasser nach oben schoss – 1891 fand sie ihren heutigen Platz im Genfer Hafenbecken und ist als Jet d'Eau zum Wahrzeichen Genfs geworden.

Die alten Markthallen auf der schmalen Rhôneinsel gegenüber wurden vor 1876 als Schlachthaus genutzt, bis die schnell wachsende Stadt keinen Gestank mehr in ihrer Mitte dulden wollte; heute ist dort ein Kulturzentrum nebst einer Brasserie untergebracht.

Das Hotel »Mandarin Oriental« am Quai Turrettini

[3] Ponts de l'Île

Informationsschalter am Pont de la Machine 1,
Mo 12–18 Uhr, Di–Fr 9–18 Uhr, Sa 10–17 Uhr

An diesem Ort, lange Zeit die einzige Rhôneüberquerung vom Genfer See bis zum französischen Lyon, stand schon in der Römerzeit eine Brücke, die von Julius Caesar wegen ihrer strategischen Bedeutung zerstört wurde. An diesem Knotenpunkt der wichtigsten Handelsrouten begann später der Aufstieg der Stadt zum bedeutenden Handels- und Bankensitz. Zur Zeit der großen Messen im Spätmittelalter war nicht nur die Rhôneinsel, sondern auch die alte Brücke dicht bebaut mit Werkstätten und Läden. Der große Brand von 1670 zerstörte die Brücke, die schnell wieder aufgebaut wurde, und Teile der Inselbebauung. Als die Stadt um 1850 ihren alten Festungsgürtel abriss, sollte auch der Tour de l'Île, der letzte Turm einer mittelalterlichen Inselbefestigung aus dem 13. Jahrhundert, fallen. Eine Gruppe alteingesessener Genfer Familien rettete ihn 1897 vor dem Abriss. Die Statue des Hugenottenführers Philibert Berthelier erinnert an die vorcalvinistische Zeit, als die savoyardischen Bischöfe kurzen Prozess mit ihren Gegnern machten und Berthelier köpfen ließen. Gleich davor befindet sich der erst kürzlich neu gestaltete Busknotenpunkt Bel-Air.

Statue des Hugenottenführers Philibert Berthelier an der Tour de l'Île

Escalade
Bei der jährlich, meist am zweiten Dezember-Wochenende gefeierten Fête de l'Escalade, dem bedeutendsten Fest der Genfer, zieht ein feierlicher, mit Fackeln illuminierter Umzug durch die Altstadt, wobei Siegesproklamation und inoffizielle Hymne von »Canton et République de Genève« nicht fehlen dürfen. Der Legende nach half die hugenottische Mère Royaume durch ihr beherztes Eingreifen bei der Verteidigung, indem sie ihren Suppentopf samt heißem Inhalt auf die Soldatenköpfe herunterfallen ließ. Zur Freude der örtlichen Chocolatiers ist es seit Ende des 19. Jahrhunderts Sitte, am Tag der Escalade schokoladige »marmites« (Suppentöpfe) – gefüllt mit Marzipan-Gemüse – zu verschenken und zu verzehren.

Escalade-Brunnen

Mit dem Rücken zum Tour de l'Île sieht man am gegenüberliegenden Ufer den nüchternen Betonblock der Credit Suisse, der der Neuen Sachlichkeit der zwanziger Jahre entstammt (1928–1932) und erst kürzlich »rückgebaut« wurde. Bevor man links daneben hügelauf die Rue de la Cité nimmt, kommt man an dem schönen Escalade-Brunnen von 1857 vorbei, dessen Reliefs die berühmte Escalade (Kletterei) nachempfinden, als Genf sich in der Nacht vom 11. auf den 12. Dezember 1602 erfolgreich einem Angriff savoyardischer Truppen widersetzte, die mit Leitern bewaffnet die Befestigungsmauern erklimmen und die Stadt einnehmen wollten.

Wem der Anstieg auf den »colline«, den Altstadthügel und das Herz Genfs, zu steil ist, der kann die Route auch ganz bequem mit dem Minibus der TPG-Linie 36 zurücklegen, Ausgangs- und Endpunkt ist die Place de Neuve (u.a. mit der Buslinie 3 von Bel-Air zu erreichen). Die Rue de la Cité, lange die einzige Verbindung von der Rhônebrücke auf den Hügel, ist gesäumt von einigen der letzten gotischen Bürgerhäuser des 15. Jahrhunderts, aber auch eleganten Stadtpalästen, die sich die reich gewordenen Glaubensflüchtlinge im 18. Jahrhundert leisteten. Gleich zu Beginn kommt man auf der linken Seite an einem Gebäude mit auffälliger Holzsäule und Dachvorsprung (Nr. 3) vorbei. Dies ist das letzte Exemplar der sogenannten »dômes« (Hochlauben, siehe S. 8), die bis zu ihrem Abriss 1824 das Bild aller Genfer Geschäftsstraßen prägten. Zwischen den hohen Säulen befanden sich die Verkaufsbuden, die vor den Läden im Inneren der Häuser eine zweite Verkaufsreihe darstellten. Geschützt von den Holzdächern machten die Passanten zwischen Häusern und Kiosken ihre Einkäufe – ähnlich wie in den noch heute bestehenden Laubengängen von Bern. Für Interessierte: ein kleines Stadtmodell im ersten Stock des Maison Tavel (siehe S. 25) führt einem diese Verkaufsreihen sehr anschaulich vor Augen.

Die Rue de la Cité führt entlang mächtiger Eingangspforten nobler Stadtresidenzen auf der rechten Seite (Nr. 22 und 24) zur brunnengeschmückten Place du Grand-Mézel. Namensgeber für den Platz waren die Fleischhändler (macellum), die an dieser Stelle bis ins 17. Jahrhundert ihre Stände betrieben, denn die Schlachthäuser lagen um die Ecke. Heute ist die Gegend eine der besten Adressen der Altstadt mit teuren Boutiquen, Antiquariaten und Cafés.

[5] Grand-Rue

Auf der im Folgenden als Grand-Rue weitergeführten Straße gibt es noch ein paar gotische Häuser mit den charakteristischen spitzbogigen Fenstern (z.B. Nr. 4 und 6). Auf der linken Straßenseite fällt das imposante, 1744 fertiggestellte Stadtpalais (Nr. 11) der Société de lecture auf. Ursprünglich lebten hier ab 1679 die sogenannten Résidents de France, die von Ludwig XIV. durchgesetzten Entsandten des französischen Königs. Sie waren Stachel im Fleisch der reformierten Genfer, denn im Schutz ihrer diplomatischen Immunität durften diese zu Hause auch die katholische Messe feiern. Nur ein paar Häuser weiter kann man die prächtige Eingangstür des 1693 erbauten Maison Pictet (Nr. 15) bewundern, und auf beiden Straßenseiten erinnern Hinweistafeln an berühmte Bewohner: Der argentinische Schriftsteller Jorge Luis Borges, der prägende Jugendjahre in Genf verbracht hatte und sich immer als Genfer fühlte (»Me siento ginebrino«), kam gegen Ende seines Lebens, bereits todkrank, noch einmal zurück in die Stadt und starb in der Grand-Rue Nr. 28 (Tafel an der Seitenwand von Nr. 26); in Nr. 33 unterhielt der Maler Ferdinand Hodler eine Zeitlang sein Atelier. Die meistfotografierte Plakette befindet sich am Ende der Straße am Haus Nr. 40, in dem der wohl bekannteste Sohn der Stadt, Jean-Jacques Rousseau, das Licht der Welt erblickte.

Ferdinand Hodler 1853–1918, Maler. Der in Bern geborene und mit vierzehn Jahren Vollwaise gewordene Hodler ging nach einer kurzen Lehre zum Auftragsmaler nach Genf. Dort wurde er Schüler des namhaften Malers Barthélemy Mann, der auch die Genfer Zeichenschule leitete, die man 1751 zur Ausbildung der Emailleure für die Uhrenindustrie eingerichtet hatte. Hodlers wuchtige Historienbilder, darunter der legendäre »Tell«, machten ihn zum nationalen Künstler. Er gilt auch als einer der bedeutendsten Schweizer Landschaftsmaler. Eine Reihe seiner berühmten Genfer-See-Ansichten entstanden vom Balkon seiner letzten Wohnung am Quai du Mont-Blanc.

[6] Rousseaus Geburtshaus

Di–So 11–17.30 Uhr, dt. Audioguide erhältlich

Nachdem man lange Zeit angenommen hatte, Jean-Jacques Rousseau sei im Viertel St. Gervais unten an der Rhône geboren worden, wo auch eine Straße nach ihm benannt ist, würdigt man ihn nun an der richtigen Stelle, in der Grand-Rue 40. Das Haus seines Vaters, eines gebildeten Uhrmachermeisters, der den Sohn früh mit den Werken der Antike bekannt machte, ist allerdings seitdem umgebaut worden. Das Verhältnis zwischen dem eigenwilligen Philosophen und seiner Vaterstadt war zeitlebens gespannt. Das Verbot seiner zwei Hauptwerke durch die Obrigkeit und Rousseaus Entgegnung, die Genfer Republik habe längst ihre repräsentativen Grundsätze verraten, führte zur endgültigen Zerrüttung. Der Bildungsroman »Émile« brachte

Links: Blick von der Place du Grand-Mézel in die Grand-Rue

die gestrengen Calvinisten auf, weil Rousseau darin die hergebrachten Erziehungsmethoden von Kirche und Ge- sellschaft anprangert, die der natürlichen Entwicklung Fesseln anlegten und den jungen Menschen verdürben. Und sein »Contrat Social« erzürnte die politische Oli- garchie, weil Rousseau darin die Auswüchse des Feuda- lismus verurteilt: Alle Menschen seien gleich, lautet das naturrechtlich geprägte Diktum des Philosophen, und der Staat demzufolge ein Vertrag unter Gleichen. Beide Bücher wurden 1762 im Jahr ihres Erscheinens an der steinernen Gerichtsbank vor dem Rathaus, nur wenige Schritte von hier, verbrannt. Das Maison de Rousseau et de la Littérature ist heute eine Begegnungsstätte für zeit- genössische Literatur mit zahlreichen Veranstaltungen und bietet im zweiten Stock eine sehr gut konzipierte, audiovisuelle Führung zu Rousseaus Leben und Werk von etwa 25 Minuten Länge.

[7] Rathaus

Das mächtige, aus mehreren Gebäuden zusammenge- setzte Rathaus (Hôtel de ville), das man über die fah- nengeschmückte Rue de l'Hôtel-de-Ville betritt, ist von jeher Sitz der politischen Organe Genfs – früher der Stadtrepublik und heute des Kantons, nicht aber des Bürgermeisteramtes. Im ältesten Teil, dem Befesti- gungsturm (Tour Baudet) von 1480, ist die Regierung (Conseil d'État) untergebracht; im Saal des Großen Rats kommt das Parlament zusammen. Seit Calvins Zeit wurde das Rathaus – Machtzentrale der kleinen Stadt- republik auf dem Hügel – Schritt für Schritt vergrößert und umgebaut. Prunkstück des bedeutendsten Genfer Renaissancebaus ist im Innenhof die gepflasterte Rampe aus dem 16. Jahrhundert, die es den Ratsherren erlaub- te, den Treppenturm hinauf direkt vor die Tür des Rats- saals zu reiten. Beim Anbau der eleganten Säulenhalle (1617) durch den Architekten Faule Petitot, der auch das imposante Stadtpalais der Tuchhändler-Familie Tur- rettini gleich neben dem Rathaus an der Rue de l'Hôtel- de-Ville Nr. 8 errichtete, blieb der alte Eingang mit dem schönen Renaissance-Portal erhalten.

Im Rathaus schlug auch die Geburtsstunde Genfs als Ort politischer Konfliktbeilegung: 1864 wurde im Alabama-Saal die Erste Genfer Konvention unterzeich- net, der Beginn des humanitären Völkerrechts. Der un- gewöhnliche Name des Saals, der nur zu bestimmten

Innenhof des Rathauses mit dem Treppenturm

Anlässen geöffnet ist, verdankt sich einem berühmten Genfer Schiedsspruch aus dem Jahr 1872, bei dem es um eine Streitschlichtung zwischen den USA und England um das Kriegsschiff »Alabama« ging. Im Sommer bietet der Innenhof eine malerische Kulisse für eine Reihe von Klassik- und Jazzkonzerten.

[8] Altes Arsenal

Gleich gegenüber befindet sich das Staatsarchiv, das ursprünglich als Getreidespeicher und Markthalle genutzt (1567–1629), dann aber umgebaut wurde und der stark befestigten Stadt als Waffenarsenal diente (1720–1877). Die alten, hier ausgestellten Genfer Kanonen, auf denen heute die Kinder herumklettern, hatte die österreichische Armee im Kampf gegen Napoleon erbeutet, später forderte der Kanton sie zurück. Einen näheren Blick wert sind die großflächigen, 1949 installierten Wandmosaike des Schweizers Alexandre Cingria (1879–1945), die Schlüsselszenen der Genfer Geschichte zeigen: die römischen Anfänge, symbolisiert durch Cäsars Ankunft im Jahr 58 v. Chr., die große Zeit der Handelsmessen im Mittelalter, als Genf zu einem bedeutenden Wirtschafts- und Finanzzentrum aufstieg, und schließlich den Flüchtlingsstrom der französischen Protestanten Ende des 17. Jahrhunderts nach der Aufhebung des Edikts von Nantes.

[9] Maison Tavel

Genf um 1850, Stadtmo-dell von Auguste Magnin

Museum für Stadt- und Alltagsgeschichte
Di–So 11–18 Uhr, Eintritt frei

Das Maison Tavel – die Tavels waren vom 13. bis zum Beginn des 16. Jahrhunderts Eigentümer des Gebäudes – ist Genfs ältestes privates Wohnhaus, dessen Fundamente bis ins 12. Jahrhundert zurückreichen. Seinen letzten Umbau erhielt es im 17. Jahrhundert, als es im Besitz der Calandrini war, einer aus Italien zugewanderten Familie von Seidenhändlern, die zu den reichsten und angesehensten der Stadt zählte. Schon damals besaß das Haus den grauen Anstrich, der inzwischen wiederhergestellt wurde. Ein Besuch lohnt sich allein schon wegen des aufwendig gestalteten Stadtmodells im Dachstuhl, für das der Architekt Auguste Magnin fast zwanzig Jahre Arbeit investierte, um es 1896 der Öffentlichkeit zu präsentieren. Das detaillierte Modell gibt einen großartigen Überblick über das 1850 noch in seinem Festungsring eingeschlossene Genf. Die übrigen Stockwerke sind neben Wohngemächern aus dem 18. und 19. Jahrhundert der Gestaltung des Stadtbildes und bedeutenden historischen Ereignissen wie der Escalade gewidmet. Interessant sind auch die weitläufigen, noch romanischen Kellerräume, die einen Zugang zur Straße hatten und als Handelsplatz dienten.

[10] Kathedrale St. Pierre

Sommer Mo–Fr 9.30–18.30 Uhr, Sa 9.30–17 Uhr,
So 12–18.30 Uhr; Winter Mo–Sa 10–17.30 Uhr,
So 12–17.30 Uhr

Verlässt man das Maison Tavel nach links, kommt man am Haus Nr. 6 vorbei, in dem der Rotkreuz-Gründer Henri Dunant sein eindrückliches Buch über die grausame Schlacht von Solferino geschrieben hat, und gelangt über die rechts abbiegende Rue Otto-Barblan auf den lindenbestandenen Kirchhof von St. Pierre. Die geschlossene Anlage des Cour de St. Pierre ist einer der malerischsten Plätze der Altstadt. Rechts fällt der Blick auf das Petershöfli, eine seit 1874 bestehende und von der evangelischen Kirche getragene Unterkunft für junge Frauen.

Verknüpft ist die Kathedrale St. Pierre vor allem mit Jean Calvin, der ursprünglich nie nach Genf wollte, aber dann vom Prediger Guillaume Farel (1489–1565) zum Bleiben überredet wurde. Farels leidenschaftliche Ansprachen hatten die Genfer auf die Reformation eingeschworen, aber das organisatorische Geschick, in der Stadt ein neues Kirchenwesen aufzubauen und die junge protestantische Republik religiös wie politisch auf

»Jeremias«, Bronze-
plastik von Rodo am
Cour de Saint-Pierre

sichere Füße zu stellen, besaß er nicht. Calvin nahm die Aufgabe an, forderte uneingeschränkte Vollmachten und errichtete einen Kirchenstaat von unnachgiebiger Strenge und Lebensfremdheit mit einer auf disziplinarische Gemeindezucht angelegten Kirchenordnung (Ordonnances ecclésiastiques). Von St. Pierres Kanzel – die kein Original, sondern eine Anfertigung des 19. Jahrhunderts ist – predigte er sonntags zweimal und jede zweite Woche täglich und nahm die Genfer Bürger ins Gebet: Nach Calvins Lehre führten nur Arbeit und Frömmigkeit zur erhofften Erlösung, nicht das kleinste Vergnügen war

Calvins Stuhl

erlaubt. Der asketisch lebende und in seinen Gesichtszügen von der Mühsal der Arbeit gezeichnete Reformator verstand sich hier als beispielgebend. Seine strenge Kirchenzucht unterwarf die Genfer einer unerbittlichen Regulierung ihres Alltags, über den die Zensur wachte; Zuwiderhandlung wurde mit drakonischen Strafen belegt. Calvins berühmter dreieckiger Stuhl hinter der Kanzelsäule befand sich im benachbarten Auditoire Calvin, einer ursprünglich katholischen Gewölbekirche aus dem 15. Jahrhundert, die nach der Reformation als Gotteshaus aufgegeben wurde. Dort hielt Calvin Vorlesungen, aber wegen seiner Gicht die letzten Jahre im Sitzen.

Nähert man sich dem Kircheneingang über die Stufen zur korinthischen Säulenhalle, fällt schon die uneinheitliche Architektur der Kathedrale ins Auge, die

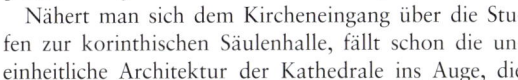

Chorgestühl

der langen Bauzeit und verschiedenen Renovierungen geschuldet ist. Im 12. Jahrhundert unter dem ersten Fürstbischof Arducius de Faucigny romanisch begonnen an einer Stelle, an der bereits zuvor Basiliken gestanden hatten, wurde die Kirche im gotischen Stil fortgeführt, wobei die zwei ungleichen Türme bis ins 13. Jahrhundert unvollendet blieben. 1441 brach die Nordwand des Kirchenschiffs ein und riss andere Gebäudeteile mit, darunter einen Bereich des angrenzenden Klosters. In den Folgejahrzehnten baute man das Hauptschiff und den Chor wieder auf, während der Rest der Anlage stark verändert wurde. Mitte des 18. Jahrhunderts erwies sich auch die gotische Hauptfassade als einsturzgefährdet und wurde durch das klassizistische Säulenportal ersetzt. Seltsam angeklebt wirkt daher heute die rechts davon befindliche gotische Makkabäer-Kapelle aus dem frühen 15. Jahrhundert. Der grün-metallene Spitzhelm – von Spöttern auch mit einem zugeklappten Regenschirm verglichen – kam 1895 hinzu, nachdem ein Feuer den alten Glockenturm vernichtet hatte.

Markant ist der Eindruck im Inneren: ein mächtiges, aber extrem nüchternes dreischiffiges Langhaus, dessen Schmuckelemente keine Gnade gefunden hatten vor den Augen der radikalen reformatorischen Bilderstürmer. Statuen, Bilder, Altäre und Chorschranken – alles, was der Kirche Dekor verliehen hatte, wurde 1535 zerstört. Schließlich schmolz man 1562 auch die Orgelpfeifen ein, weil der Psalmengesang des reformierten Gottesdienstes keine Orgelbegleitung brauchte – im Reformationsmuseum nebenan gibt es eigens dazu einen Musikraum! Die gegenwärtige Orgel stammt von 1964, aber schon im 18. Jahrhundert, als sich die strengen Sitten in Genf zu lockern begannen, kehrte man in St. Pierre wieder zur Orgelmusik zurück.

Die Kirchenfenster im Chorraum aus dem 15. Jahrhundert konnten gerettet werden und sind wie der berühmte Hochaltar von Konrad Witz im Musée d'art et d'histoire ausgestellt. Die heutigen Chorfenster sind Kopien der Originale und die übrigen Fenster Anfertigungen aus den Jahren 1894–1903. Unversehrt geblieben sind annähernd dreihundert romanische und gotische Säulenkapitelle im Langschiff. In ihrer Vielzahl und individuellen Gestaltung als Tiere oder Fabelwesen, die Ängste und Überzeugungen des Mittelalters zum Ausdruck bringen, sind die kleinen Kunstwerke einzigartig in der Schweiz. Sehenswert ist auch das von Florentiner Bankiers gestiftete Chorgestühl aus dem 15. Jahrhundert

mit seinen kunstvoll verzierten Konsolen der Klappsitze, auf die sich die vom Stundengebet ermatteten Mönche schon mal aufstützten.

Bevor man wieder zurück Richtung Ausgang strebt, sollte man an der Südflanke der Kirche (links hinten) noch die Makkabäer-Kapelle betrachten, die sich in der Farbigkeit ihrer Fresken wohltuend von der Kargheit des Kirchenschiffs abhebt. Ihre Farbfrische und ihr neogotisches Dekor resultieren aus der erst Ende des 19. Jahrhunderts erfolgten Wiederherstellung. Kardinal Jean de Brogny hatte sie zu Beginn des 15. Jahrhunderts im aufflammenden spätgotischen Stil als Grab- und Stiftskapelle errichten lassen, aber in der Reformationszeit gingen Grab und Fresken weitgehend verloren (das Musée d'art et d'histoire bewahrt einen Teil). Dem schlicht übertünchten Raum wurde eine Nutzung als Warenlager und Schießpulverdepot zugewiesen; ab 1670 diente er als Hörsaal der Akademie.

Bei schönem Wetter lohnt sich der Turmaufstieg mit prachtvoller Sicht auf Altstadt und Hafen – vorbei an Clémence, der 1407 hergestellten und mit sechs Tonnen größten Glocke von St. Pierre, die im disziplinierten Kirchenstaat zum Gebet und zu den Ratsversammlungen läutete. Wendet man sich beim Verlassen der Kirche nach rechts, gelangt man direkt zum Reformationsmuseum. Links herum erwarten den Besucher spektakuläre Ausgrabungen.

Blick vom Turm von St. Pierre

[11] Ausgrabungsstätte unter St. Pierre

10–17 Uhr, dt. Audioguide erhältlich

Eines der faszinierendsten Genfer Museen ist die Ausgrabungsstätte unter der Kathedrale, die inzwischen zu den größten und bedeutendsten Ausgrabungen nördlich der Alpen zählt. Als die Archäologen 1976 mit der Arbeit begannen, ahnten sie nicht, dass sie unterhalb von St. Pierre die Überreste gleich mehrerer Vorgängerkirchen finden würden, deren älteste bis ins 4. Jahrhundert zurückreicht. Mit Hilfe eines Audioguides und modernster audiovisueller Techniken geht man in einem wahren Labyrinth von 3000 m² auf Entdeckungsreise in die zurückliegenden Jahrhunderte und ist erstaunt, welche Kostbarkeiten sich trotz immer neuer Bebauungsschichten erhalten haben. Neben einem alten Allobroger-Grab, das in die vorchristliche Zeit zurückreicht, und einem beeindruckenden Modellentwurf von Genf aus dem 6. Jahrhundert gibt es auch die Gussform der berühmten Clémence-Glocke zu bestaunen. Zu den Höhepunkten des Rundgangs gehören die trotz ihrer Abnutzung grandiosen Bodenmosaike des einstigen Bischofspalastes. Dort im Audienzsaal, wo die hohen Kirchenfürsten ihre Besucher empfingen, soll es sogar Fußbodenheizung gegeben haben.

[12] Internationales Museum der Reformation

Di–So 10–17 Uhr, dt. Audioguide erhältlich

Um die Geschichte der Reformation – mit einem deutlichen Schwerpunkt auf Genf – darzustellen, könnte es keinen passenderen Ort geben! Hier, wo sich früher der Kreuzgang des Klosters St. Pierre befand, kamen die Genfer Bürger am 21. Mai 1536 zusammen, um die neue reformatorische Lehre endgültig anzunehmen. 1723 leistete sich der Bankier Gédéon Mallet, Spross einer hugenottischen Tuchhändlerfamilie, dieses elegante Stadtpalais – Ausdruck unverhüllter Prachtentfaltung, die nicht allen Genfern gefiel. Seit 2005 ist das Haus das Vorzeigemuseum der Stadt, die sich als Zentrum der reformatorischen Bewegung sieht. Das lebendige, stark auf Audiovision setzende Ausstellungskonzept wurde 2007 mit dem Museumspreis des Europarates belohnt. Thematisiert werden das Abenteuer Reformation, die Hugenottenkriege einschließlich der Bartholomäusnacht und natürlich Calvins Wirken in Genf. Die Präsentation, die auch auf die unterschiedlichen Beispiele protestantischer Kirchenmusik eingeht, erstreckt sich bis ins 21. Jahrhundert und nimmt auch andere Kontinente in den Blick.

[13] Terrasse Agrippa-d'Aubigné

Verlässt man das Museum linker Hand, läuft man geradewegs auf eine abschüssige Gasse (Rue des Barrières) zu. Durch die Porte de Cloître (Klostertor) verließ man hier früher auf halber Höhe den Befestigungsring der Altstadt, um zur Unterstadt zu gelangen. Geht man stattdessen geradeaus über ein paar Stufen, vorbei an den modernen Mosaiken des Genfers Marcel Poncet, die die Lage der Stadt am Wasser symbolisieren, erreicht man die etwas versteckt liegende Terrasse Agrippa d'Aubigné, den »Balkon der Altstadt«. Von diesem Platz genießt man einen großartigen Blick auf See und Jet d'Eau, aber auch auf die darunter liegende Kirche St. Madeleine – mit Grundmauern aus dem 12. Jahrhundert ist sie eine der ältesten Kirchen der Stadt. Hier hielt Guillaume Farel am 22. Juli 1535 den ersten protestantischen Gottesdienst auf Französisch. Ein Geheimtipp für die Mittagspause sind die Picknicktische der Terrasse.

Wendet man sich dann nach rechts mit Blick auf die Fassaden und in die Fenster der Rue de la Fontaine, gelangt man über eine Treppe zur zweiten Terrassenebene. Eine Hinweistafel erinnert daran, dass hier direkt hinter der Kathedrale der Sitz des Bischofs war, bevor die Genfer ihn 1533 verjagten und ihre Regierungsgeschäfte selbst in die Hand nahmen. Der Bischofspalast wurde zum Gefängnis umfunktioniert, das man im 19. Jahrhundert erneuerte und 1940 endgültig abriss.

[14] Rue Jean-Calvin

Musée Barbier-Mueller 11–17 Uhr

Über die Rue de l'Évêché und vorbei am ehemaligen Casino von St. Pierre (Nr. 3), in dem der Grundstein für das Internationale Komitee vom Roten Kreuz gelegt wurde, erreicht man wieder den Kirchplatz mit seinen Anfang des 18. Jahrhunderts erbauten Bürgerhäusern. Schlendert man durch die Rue Otto-Barblan zurück, gelangt man an der großen Linde vorbei auf die beschauliche Place du Puits-Saint-Pierre, die terrassenähnlich über die hinunterführende Rue du Perron ragt. Hinter dem hübschen Brunnen (Fontaine du Perron), der den Platz einer früheren Quelle (»puits«) einnimmt, erinnert eine Gedenktafel an den Genfer Politiker Pierre Fatio, der für die Rechte der Bürger stritt, als die Regierungsgeschäfte

Théodore Agrippa d'Aubigné 1552–1630, Schriftsteller und Offizier. Der Kampf der Hugenotten um ihr Recht auf Glaubensausübung bestimmte das Leben des in eine protestantische französische Familie hineingeborenen d'Aubigné. Nach Schuljahren in Genf bei Théodore de Bèze ging er zurück nach Frankreich und entkam in der Bartholomäusnacht und danach nur knapp den Anschlägen auf die Hugenotten. Enttäuscht über die Religionspolitik des französischen Königs Heinrich IV., in dessen Dienst er lange stand, zog sich d'Aubigné 1593 vom französischen Hof zurück. 1620 aus Frankreich verbannt, lebte er die letzten Jahre auf einem Landschloss bei Genf.

Rechts: Place du Puits-Saint-Pierre

Rue Jean-Calvin 11

Jacques Necker
*1732–1804, Bankier und
Politiker. Der Sohn eines
aus Küstrin gebürtigen
Jura-Professors an der
Académie de Genève ver-
ließ mit achtzehn Jahren
seine Heimatstadt Genf,
um in Paris Karriere
als Bankier zu machen.
Obwohl Ausländer,
protestantisch und nicht
adlig, schaffte er es auch
in der Politik nach ganz
oben. Als Finanzminister
des durch absolutistische
Hofhaltung und Kriegs-
führung bankrotten
französischen Staats
schrieb Necker Geschich-
te, indem er erstmals die
Staatsfinanzen offenlegte.
Dies brachte ihm beim
dritten Stand Popularität
ein, aber seine reforme-
rische Haltung erzürnte
Ludwig XVI., der ihn
entließ, schließlich
aber doch nicht auf
seine Dienste verzichten
konnte. Seine zweite
Entlassung im Juli 1789
war einer der Auslöser
für den Sturm auf die
Bastille.*

der Stadtrepublik im 17. Jahrhundert immer stärker zur
Sache eines elitären Patriziats wurden. 1707 der Ver-
schwörung angeklagt, wurde Fatio im Hof des alten bischöflichen Gefängnisses hingerichtet.

Nun geht es in die Rue Jean-Calvin, ein etwas versteckt
liegendes Sträßchen, in dem der Reformator von 1541 bis
zu seinem Tod 1564 lebte. Weder sein erstes sehr beschei-
denes noch sein zweites – auch eher schlichtes – Domizil
(Tafel am Haus Nr. 11) existieren noch. Letzteres wurde
1706 abgerissen, als der Genfer Geldadel in der gesamten Altstadt elegante Stadtpalais errichtete – nach Pariser
Vorbild mit Haupttrakt und schmalen Seitenflügeln, zur
Straße mit einer Portalwand abgeschlossen.

Das angrenzende Hôtel Buisson (Nr. 13), 1699 erbaut
für den Kaufmann und Bankier Léonard Buisson, war
damals eines der ersten Beispiele dieser prachtvollen ar-
chitektonischen Stadterneuerung. Im Haus Nr. 9 wohnte
eine Zeitlang Jacques Necker, Bankier und Finanzminister Ludwigs XVI. sowie Vater der Schriftstellerin Germaine de Staël, die in ihrem Salon im benachbarten Örtchen Coppet die europäische Geisteselite versammelte.

Das gegenüberliegende Musée Barbier-Mueller (Nr. 10)
ist eines von mehreren renommierten Genfer Privatmu-
seen. Die feine, seit 1970 der Öffentlichkeit zugängliche
Sammlung ist der sogenannten primitiven Kunst Afrikas,
Ozeaniens und Südamerikas gewidmet.

[15] Rue des Granges

In der von noblen Patrizierhäusern gesäumten Straße –
auf der Seite der geraden Hausnummern die beste Adres-
se von Genf, deren unvergleichliches bauliches Ensemble
man noch besser von der tiefer gelegenen Place de Neuve
sehen kann – lag im Mittelalter das jüdische Viertel. Hier,
am Rand der Altstadt bei den Tierställen und Scheunen
(granges) und rund um die Kirche St. Germain bis zur
Place du Grand-Mézel, war seit Ende des 14. Jahrhunderts eine kleine jüdische Gemeinde ansässig. 1428 be-
schloss der Rat der Stadt auf Druck der Öffentlichkeit,
das Viertel mit zwei Pforten zu versehen und nachts abzu-
schließen: von da an lebten die Juden in einer ghettoähn-
lichen Lage, bis sie 1490 endgültig aus der Stadt gewiesen
wurden. Erst im 19. Jahrhundert kehrten sie zurück, als
ihnen schließlich das Bürgerrecht gewährt wurde.

Im 16. Jahrhundert war die Gegend Anlaufstelle der
protestantischen Flüchtlinge, die sich hier ein neues Le-

ben aufbauen wollten. Einige, wie die Bankiersfamilien Sellon und Boissier, waren dabei so erfolgreich, dass sie in großem Stil investieren konnten, als die Stadt 1719 die Rue des Granges zum Bauprojekt ausrief und eine einheitliche Bebauung auf der Ringmauer vorsah. Das in den 1720er Jahren vom französischen Architekten Jean-Jaques Dufour erbaute Ensemble (Nr. 2, 4 und 6) orientierte sich am Stil des französischen Königs Ludwig XV. und brauchte den Vergleich mit den Pariser »hôtels particuliers« nicht zu scheuen. Die neue Machtelite Genfs blickte nach Paris, gab sich großstädtisch und pompös, verschanzte sich aber gleichzeitig hinter der kalten Pracht hoher Mauern.

Rue des Granges

Insofern ist die Rue des Granges geradezu symbolisch für Genf: offen für die Welt durch Handel und Kapital und doch gefangen in der puritanischen Strenge der kleinen Stadtrepublik. Die Stadthäuser sind übrigens fast alle noch im Besitz der alten Familien, deren Nachkommen weiterhin dort leben. Die Residenz Nr. 2 gehört heute dem Kanton, der hier seine vornehmsten Gäste unterbringt, ein weiterer Teil des Hauses beherbergt die Zoubov-Stiftung, eine wertvolle und öffentlich zugängliche Sammlung von Einrichtungsstücken des 18. Jahrhunderts. Die Rue des Granges führt geradewegs zurück zum Rathaus, vor dem man rechts in die Rue Henri-Fazy einbiegt.

Die Prachtbauten der Rue des Granges, von der Place de Neuve aus gesehen

[16] Promenade de la Treille

Der klassizistische Torbogen von 1783, auf den man zuläuft, führt auf die Ringmauer, auf der sich die Beobachtungs- und Geschützposten befanden. Links ist im alten Rathausturm das beliebte »Café Papon« untergebracht, in dessen Innerem man alte Mauerreste besichtigen kann. Oder man lässt sich auf der grünen, 120 (!) Meter langen Holzbank nieder, die gern »als längste Bank Europas« beworben wird. Unter Kastanien promenieren kann man hier seit Beginn des 18. Jahrhunderts, als die reich gewordene Stadt sich zu verschönern begann und die »Treille« bepflanzte. Und seit 200 Jahren vertrauen die traditionsbewussten Genfer auf folgende Regel: Trägt – von einem städtischen Beauftragten beglaubigt – die drittletzte Kastanie (am östliche Ende der Reihe), die »offizielle Kastanie«, ihr erstes Blatt, ist Frühling in der Stadt! Wieder zurück und vorbei am Denkmal für den Diplomaten Charles Pictet de Rochemont (1755–1824), der Genf auf dem Wiener Kongress repräsentierte, schlendert man die Rampe de la Treille hinunter. An ihrem Fuß gibt es rechts an der Mauer eine große Erinnerungstafel für den Genfer Soldaten Isaac Mercier, der in der Nacht der Escalade zum Helden wurde: Ihm gelang es, das Fallgatter der Porte de Neuve, eines der drei Stadttore, noch vor der hineindrängenden gegnerischen Kavallerie herunterzulassen und so die Invasion der Savoyarden zu verhindern.

Denkmal für Charles Pictet de Rochemont

[17] Büste Henri Dunants

Ganz versteckt und unter den Bäumen vor der Stadtmauer kaum auszumachen, befindet sich seit 1980 ein kleines Denkmal für Henri Dunant (siehe S. 12). Ein unauffälliger wie unglücklicher Ort, denn hier stand noch bis zu ihrer Abschaffung 1871 die Guillotine, deren erklärter Gegner der Humanist Dunant war, seit er 1862 einer solchen Hinrichtung beigewohnt hatte. Die späte Würdigung ist bezeichnend: Aller Verdienste um das Rote Kreuz zum Trotz – nie verziehen die Genfer dem Geschäftsmann Dunant den Bankrott der Privatbank Crédit Genevois (1867), für den er als Verwaltungsrat verantwortlich gemacht wurde. Dunant wurde aus dem Rotkreuz-Komitee gedrängt und flüchtete aus der Stadt, die er nie wieder sah. Eine Bürgerinitiative um den umtriebigen und beliebten Pastor Henry Babel von St. Pierre sammelte schließlich für diese Büste des Genfer Künstlers Luc Jaggi.

[18] Place de Neuve

Musée Rath Di–So 11–18 Uhr, jeden 2. Mi bis 20 Uhr

Heute Genfs kulturelles Zentrum, lag der großbürgerlich anmutende Platz lange vor den Toren der Stadt und wurde unter anderem als Hinrichtungsstätte genutzt,

Place de Neuve mit dem Musée Rath (links) und dem Reiterdenkmal für Guillaume-Henri Dufour

Konservatorium an der Place de Neuve

Guillaume-Henri Dufour
1787–1875, Ingenieur und Offizier. Sohn eines Genfer Uhrmachers, aber geboren in Konstanz, verpasste Dufour seiner Heimatstadt mit Kaianlagen- und Brückenbau ein zeitgemäßes Gesicht und tat sich mit der ersten topographischen Erfassung der Schweiz hervor. Er gehörte auch zum Komitee der Fünf, das die Gründung des Roten Kreuzes voranbrachte. Als sich ein Bürgerkrieg zwischen reformierten und katholischen Kantonen 1847 nicht mehr vermeiden ließ, gelang Dufour als General ein schneller Sieg der liberalen Kräfte ohne großes Blutvergießen.

wo die abgeschlagenen Köpfe wochenlang zur Abschreckung ausgestellt wurden. Im 19. Jahrhundert erhielt der Platz seine heutige Gestalt. An der Konzeption wirkte auch Guillaume-Henri Dufour mit, dessen Denkmal sich seit 1884 in der Mitte erhebt. Die Skulptur zeigt ihn mit ausgestrecktem Arm – eine beschwichtigende Geste, die Frieden verheißen soll.

Bei der Entwicklung des kulturellen und intellektuellen Lebens in Genf spielte die Gegend früh eine Rolle: Hier, zwischen Stadtmauer und heutigem Eingang zum Parc des Bastions, stand 1766 das erste bescheidene Theater, das das sittenstrenge Genf erhielt; ein zweiter Theaterbau, inzwischen abgerissen, folgte 1782 (siehe S. 11). Als dann im 19. Jahrhundert die Schwestern Jeanne-Françoise und Henriette Rath, letztere eine angesehene Porträtmalerin, das Erbe ihres Bruders für ein Kunstmuseum einsetzten, war die weitere Entwicklung der Place de Neuve vorgezeichnet. Seinerzeit war das 1824 im neoklassizistischen Stil errichtete Musée Rath das erste Museum der Schweiz, das sich den schönen Künsten widmete; heute ist es dem Musée d'art et d'histoire angegliedert und Ort von Sonderausstellungen.

An der Place de Neuve folgten 1858 der Neubau des 1835 von dem Genfer Mäzen François Bartholoni gestifteten Konservatoriums an der Westseite und das 1879 eröffnete Grand Théâtre. Vervollkommnet wird das Ensemble durch die nur ein paar Schritte von hier entfernt liegende Konzerthalle in der Rue du Général-Dufour 14. Die 1894 im üppigen Beaux-Arts-Stil mit prachtvoller Deckenbemalung vollendete Victoria Hall ist ein Geschenk des wohlhabenden englischen Konsuls Daniel Fitzgerald Barton (siehe S. 75). Die britische Königin Victoria und Bartons Frau Victoria Alexandrina dürften die Namensgebung beeinflusst haben.

[19] Grand Théâtre

Der auffälligste Bau der Place de Neuve, das Opernhaus, verdankt seine Erbauung dem beträchtlichen Vermächtnis Karls II., Herzog von Braunschweig. Wegen seines absolutistischen Regierungsstils von der Bevölkerung 1830 von seinem Thron vertrieben, blieb dem Herzog nur die Flucht ins Ausland – nach Jahren zwischen Paris und London ging er 1870 nach Genf, wo er drei Jahre später starb. Weil Genf bei der Errichtung seiner Oper hinter Paris nicht zurückstehen wollte, ist das 1879 erbaute Grand Théâtre dem prunkvollen Empirestil der Opéra Garnier nachempfunden. Dies ist allerdings nur noch teilweise zu erkennen, denn seit dem großen Brand von 1951, der das Gebäude zu weiten Teilen vernichtete, fehlt die krönende Kuppel. Beachtenswert sind die allegorischen Figuren vor der Fassade, die die Kunstformen Drama, Tanz, Musik und Komödie symbolisieren.

Voltaire, der 1755 nach Genf kam, ließ auf seinem Landsitz vor den Toren der Stadt Theaterstücke aufführen, bekam es jedoch mit der Obrigkeit zu tun, denn diese Form der lustvollen Zerstreuung war damals in Genf noch verboten. Aber Voltaire wollte auch im Alter nicht auf Applaus und Theaterruhm verzichten und kaufte ein Landschloss im französischen Ferney gleich hinter der Grenze (»Ferney-Voltaire«), wo er sein eigenes Theater bauen ließ. Das Theater, das Genf schließlich doch erlaubte, war ein Zugeständnis an die Berner und Zürcher Hilfstruppen, die zu revoltieren begannen, weil ihnen in Calvins Mauern die Unterhaltung fehlte.

Grab von Jorge Luis Borges

Ludwig Quidde
1858–1941, Historiker und Pazifist. Sein Buch über den römischen Kaiser Caligula, eine kaum verschleierte Satire auf Wilhelm II., beendete 1894 seine wissenschaftliche Karriere in München. Stattdessen engagierte sich Quidde, der sich immer als politischer Historiker begriffen hatte und auch gegen die antisemitischen Tendenzen im Kaiserreich vorgegangen war, in der Friedensbewegung. Er organisierte 1907 den Münchner Weltfriedenskongress und war seit 1914 Vorsitzender der Deutschen Friedensgesellschaft. Für die Deutsche Demokratische Partei saß Quidde im Parlament. Gemeinsam mit dem französischen Pazifisten Ferdinand Buisson wurde ihm 1927 der Friedensnobelpreis verliehen. Verfolgt von den Nationalsozialisten, floh Quidde 1933 ins Exil nach Genf. Um sein Preisgeld gebracht, lebte er dort verarmt und auf Spenden angewiesen bis zu seinem Tod.

[20] Cimetière des Rois

Ein kleiner Abstecher führt nun zum Cimetière des Rois (Friedhof der Könige), dem »Panthéon« Genfs. Neugierig auf den Friedhof, der 1482 zunächst als Pestacker angelegt wurde, macht schon der ungewöhnliche Name, denn Genf hatte bekanntlich nie Könige. Aber in der Nachbarschaft übte um 1500 eine Kompanie von Armbrustschützen, die hier jährlich ihren Schützenkönig ermittelte. Auf der schönen parkähnlichen Anlage liegen heute – quasi als Ersatzmonarchen – Persönlichkeiten, die zum Ruf der Stadt beigetragen haben. Darunter sind der Naturforscher Horace-Bénedict de Saussure, der Radikaldemokrat und Genf-Neubegründer James Fazy, der Zeichner Rodolphe Töpffer, aber auch der argentinische Schriftsteller Jorge Luis Borges und der deutsche Friedensnobelpreisträger Ludwig Quidde, der bis zu seinem Tod im Genfer Exil lebte. Am häufigsten besucht wird der große Reformator, dessen unscheinbare Grabstelle so gar nicht zu seinem Genfer Ruhm passen will. Calvin, der den Personenkult immer verabscheute, hatte sich ausbedungen, den Ort seiner leiblichen Überreste nicht bekannt zu geben. 1840 widersetzte sich seine Vaterstadt diesem Willen und postierte dort, wo man Calvins Grab vermutete, einen einfachen Stein mit den Initialen »J. C.«. 1999 war man der häufigen Besucheranfragen müde, versah die vermeintliche Grabstätte mit einer schlichten Einfassung und ersetzte den Stein durch eine Plakette. Wo Calvin wirklich liegt, bleibt weiterhin unbekannt.

[21] Parc des Bastions

Gegenüber der Oper befindet sich die imposante Eisenpforte (1875) zum Parc des Bastions. Diese Grünoase ist ein beliebter Veranstaltungsort für Feste und Festivals, etwa der alljährlich im Juni mit verschiedenen Bühnen und Musik aller Stilrichtungen gefeierten Fête de la Musique. Der Park wird aber auch gern von Schachspielern und Gästen des hübschen Bistros – 1882 als Konzert- und Erfrischungskiosk eingeweiht – aufgesucht. Auf dem Gelände früherer Basteimauern wurden 1726 Bäume gepflanzt und – weil immer mehr Bürger kamen, um dort zu spazieren – auch eine »Belle Promenade« angelegt. Als im Hungerwinter 1816/17 durch Ernteausfälle die Nahrung knapp wurde, musste der Spazierpark

kurzfristig einem Kartoffelacker weichen. Unmittelbar danach legte der Genfer Botaniker und spätere Universitätsrektor Augustin-Pyramus de Candolle (1778–1841) hier den ersten Botanischen Garten an. Im hinteren südlichen Teil der Parkanlage mit ihren seltenen Bäumen, reizvollen Brunnen und Statuen berühmter Genfer liegt das Hauptgebäude der Universität.

[22] Universität

Ausstellungssaal Espace Ami Lullin Di–Fr 14–18 Uhr, Sa 10–12 Uhr, Eintritt frei

Die streng symmetrisch gestaltete Anlage der »Uni Bastions«, die 1873 im neoklassizistischen Stil erbaut wurde, ging aus der von Calvin 1559 gegründeten Akademie hervor. Ursprünglich nur für die Ausbildung von Pastoren und theologischen Lehrkräften errichtet, hatte die Akademie von Anfang an so viel Zulauf, dass Calvin seine Vorlesungen schon 1562 in das der Kathedrale benachbarte Auditoire Calvin verlegen musste. Nach seinem Tod begann sich die Akademie unter Leitung von Théodore de Bèze auch anderen Ausbildungsrichtungen wie der Jurisprudenz zu öffnen. Um 1704 kam ein zeitgemäßer Lehrstuhl für Mathematik hinzu, und

Robert Musil
1880–1942, österreichischer Schriftsteller. Musil lebte seit 1923 als freier Schriftsteller in Berlin und Wien. Wirtschaftliche Engpässe und prekäre Lebensverhältnisse erschwerten die Arbeit, erst recht im Schweizer Exil, anfangs in Zürich, danach in Genf, wo er auch starb. Gemäß einer Familientradition wurde seine Asche am Fuß des Berges Salève verstreut, auf dem Cimetière des Rois steht sein Denkmal. Der Autor des unvollendet gebliebenen Lebenswerks »Mann ohne Eigenschaften« lebte zuletzt mit finanzieller Unterstützung eines Schweizer Flüchtlingskomitees und eines örtlichen Pfarrers isoliert von der Öffentlichkeit.

Théodore de Bèze
1519–1605, Humanist und Reformator. Der in Burgund geborene und nach seinen juristischen und literarischen Studien zur Reformation konvertierte de Bèze wurde zu Calvins bedeutendstem Schüler und führte nach dessen Tod die calvinistische Lehre an der Spitze der Genfer Kirche fort. Nach Ausbruch der Hugenottenkriege 1561 vertrat er in Frankreich die Sache der Protestanten. Als erster Rektor der von Calvin gegründeten Akademie gelang es de Bèze, die bislang nur den vier Disziplinen Theologie, Griechisch, Hebräisch und Philosophie vorbehaltene Universität auch für die Juristenausbildung zu öffnen.

die Professoren lehrten nicht länger auf Latein. Zog die Akademie im 16. Jahrhundert vorwiegend junge ausländische Eliten auf ihrer in Mode kommenden Grand Tour durch Europa an, so wurden die Vorlesungen im frühen 18. Jahrhundert schon zur Hälfte von Genfer und waadtländischen Studenten besucht. Die im linken Seitenflügel untergebrachte Universitätsbibliothek, seit 2006 »Bibliothèque de Genève« genannt, ist eine der ältesten kulturellen Institutionen der Stadt. Schon 1561 von Calvin als Arbeitsinstrument der Akademie eingerichtet, verfügt sie über einen der wertvollsten Bibliotheksbestände der Schweiz. In den 1970er Jahren erhielt die Universität, die heute sieben Fakultäten und etwa 15 000 Studenten zählt, abermals einen – streng modernistischen – Ergänzungsbau an der Rue du Général-Dufour.

[23] Reformationsdenkmal

Bummelt man von der Universität hinüber zur Nordseite des Parc des Bastions, gelangt man zum vielleicht wichtigsten Denkmal der Stadt, der einhundert Meter langen »Mur des Réformateurs« (Mauer der Reformatoren). Ein symbolischer Platz: getreu dem Leitspruch der Reformation »Post Tenebras Lux« (Nach der Dunkelheit kommt das Licht) tritt man aus dem schattigen Park vor die helle Steinmauer. Mächtig und respekteinflößend in ihren Genfer Talaren treten einem hier die vier Reformatoren Jean Calvin, Guillaume Farel, Théodore de Bèze und John Knox gegenüber – Calvin, abgezehrt, hohlwangig und finstern Blicks, einen halben Schritt voraus. Die Ähnlichkeit mit der Christusstatue von Rio de Janeiro ist kein Zufall: beide sind Werk des französischen Bildhauers Paul Landowski (in Genf gemeinsam mit Henri Bouchard). Die beeindruckende Wirkung der »Mur des Réformateurs« ergibt sich aus der schieren Größe und feinen Symmetrie des Ensembles: Flankiert werden die fünf Meter hohen Statuen von Reliefs, die die wichtigsten Szenen, Schriften und Akteure der europäischen Reformationsgeschichte erzählen – darunter finden sich auch der calvinistische Große Kurfürst Friedrich Wilhelm von Brandenburg (1620–1688) und das Edikt von Potsdam (1685). Die in den Boden eingelassenen Wappentiere Bär, Adler und Löwe repräsentieren die Reformationshochburgen Bern (Genfs enger Verbündeter), Genf und Schottland (die Heimat von John Knox). Allerdings ist auch die Reformatorenmauer Ausdruck der Selbstbezogenheit des Genfer Calvinismus: Die einfachen Steinblöcke für Martin Luther und den Zürcher Reformator Huldrych Zwingli rechts und links der Treppenstufen, die zur Mauer hinunterführen, sind kaum zu sehen. Ursprünglich geplant für die Feiern zum 400. Geburtstag Calvins 1909, wurde das Denkmal schließlich 1917 enthüllt.

John Knox 1513/4–1572, schottischer Reformator. Obwohl John Knox nur wenige Jahre in Genf weilte, bekam er seinen Platz an der Mauer, denn ohne ihn hätte sich Calvins Lehre – im Englischen als Presbyterianismus bekannt – in Schottland nicht so herausragend entwickelt. Der Priester Knox, der seit 1546 in seiner Heimat für die Reformation kämpfte, floh 1554 nach Genf. Hier schloss er sich Calvin an und betreute im Auditoire Calvin die englische Flüchtlingsgemeinde. Dort entstand unter seiner Leitung die Übersetzung der Genfer Bibel ins Englische (1560), die sich erst in der angelsächsischen Welt und später in Amerika verbreitete.

[24] Palais Eynard

Geht man am bescheidenen Stein für Zwingli vorbei zur östlichen Parkseite, kommt man am prächtigen neoklassizistischen Palais Eynard vorbei, in dem heute der Bürgermeister (in Genf: Stadtpräsident) und die Spitzen der Stadtverwaltung sitzen. Der Bankier Jean-Gabriel Eynard (1775–1863) hatte in Italien ein Vermögen gemacht und leistete sich dieses Anwesen. Nebenbei war er auch einer der ersten Fotografen seiner Zeit und führte in der Schweiz die neue Daguerreotypie ein. Eynard machte Schluss mit der ostentativen Genfer Bescheidenheit: Sein 1821 fertiggestelltes Wohnhaus war das erste in dieser Größenordnung, das nicht länger als »maison« firmierte, sondern ganz offiziell »palais« genannt wurde. Vom Park aus ist gut zu erkennen, wie sich der Bau an die ehemalige Befestigung schmiegt und an Vorder- und Rückseite verschiedene Straßenniveaus überwindet. Das unterhalb der Balustrade liegende Erdgeschoss öffnet sich nur zur Parkseite und ist über die mit zwei steinernen Löwen flankierte Doppeltreppe zu betreten. Wer für seine Hochzeit einen edlen Rahmen sucht und gut bei Kasse ist, kann im »Eynard«, das seit 1891 im Besitz der Stadt Genf ist und deshalb auch als Standesamt fungiert, für Trauung und Feierlichkeiten Räume mieten!

[25] Rue Chausse-Coq

Über den Parkausgang gelangt man auf die Rue de Saint-Léger, die man – vorbei am Geburtshaus des großen Comiczeichners Rodolphe Töpffer (Nr. 27) – nach links verlässt. An der Straßenkreuzung geht es halbrechts in die enge Rue Chausse-Coq, in der noch einige der ältesten und schmalsten Häuser Genfs stehen. Vor der Zeit Calvins war das Viertel berüchtigt wegen seiner Freudenhäuser, heute findet sich dort die typische Mischung von Gemüseladen, Café und Nobelausstatter, die gentrifizierte Altstadtviertel überall attraktiv machen. Biegt man am Ende der Gasse links in die inzwischen umbenannte Rue Etienne-Dumont – früher die Rue des Belles-Filles, d.h. Straße der schönen Mädchen – ein, wo eine Vielzahl von Lokalen und Kneipen mit Außentischen lockt, gelangt man auf den größten und lebendigsten Platz der Altstadt.

Pavés de Genève
Die in feinem Kakaopulver gewälzten Trüffelwürfel, auch »Genfer Pflastersteine« genannt, gehören seit den dreißiger Jahren des vergangenen Jahrhunderts zu den Spezialitäten der an Schokoladenangeboten nicht gerade armen Stadt. Die Confiserie Rohr an der Place du Molard soll nach Originalrezept fertigen, aber berühmt sind auch die Pavés von Arn (Place du Bourg-de-Four 12), Stettler und anderen alteingesessenen Chocolatiers. Unbedingt probieren!

[26] Place du Bourg-de-Four

Schon zu römischen Zeiten öffentlicher Platz – das lateinische »Forum« ist aller Wahrscheinlichkeit nach Namensgeber – und seit dem 11. Jahrhundert wegen seiner günstigen Verkehrslage Ort der mittelalterlichen

Handelsmessen, ist der »Bourg-de-Four« heute lebhaftes Zentrum der Altstadt. Dies liegt weniger an der Bebauung, die – anders als andere europäische Marktplätze und ganz dem Geiste Calvins verpflichtet – ohne jeden baulichen Zierrat daherkommt, sondern an der bunten Menschenmenge. Im Sommer sind die Caféterrassen rund um den üppig bepflanzten Brunnen immer gut besucht, aber auch an sonnigen Wintertagen sitzen die frankophonen Genfer draußen. Mittelpunkt ist die Traditionsbar »Clémence«, wo sich am Samstagabend nicht nur die Jugend zum Apéro trifft; in der kalten Jahreszeit lockt der gemütliche Innenraum. Nebenan werden die berühmten Bleistifte und Kugelschreiber der Genfer Firma Caran d'Ache verkauft. Das mittlerweile hundertjährige Unternehmen verdankt seine Benennung dem Künstlernamen eines russischstämmigen Zeichners – »karandash« heißt auf Russisch Stift.

Besonderen Reiz gewinnt der Platz durch das Ensemble seiner eng stehenden Bürgerhäuser, darunter auch einige aus dem 16. Jahrhundert mit gotischen Fensterumrahmungen wie die Nr. 14, deren mittlere Fenster allerdings über die Jahre baulich verändert wurden. Das Gebäude ist ein schönes Beispiel dafür, wie gegen Ende des 17. Jahrhunderts bestehende Häuser aufgestockt wurden, als auf das eng bebaute Genf die zweite große Flüchtlingswelle zurollte. Denn nach Aufhebung des

Place du Bourg-de-Four

48

Edikts von Nantes (1685), das die französischen Protestanten nach der blutigen Bartholomäusnacht zunächst geschützt hatte, lief ein Strom von etwa 100 000 bis 120 000 Flüchtlingen durch Genf, das 1680 eine Einwohnerzahl von 15 500 aufwies. Zwar blieben die wenigsten dauerhaft, aber die Einwohnerzahl stieg bis 1720 dennoch auf 20 800 an – und der dringend benötigte Wohnraum konnte im ummauerten Genf nur durch Aufstockung und zusätzliche Bebauung der Hinterhöfe gewonnen werden. Nicht einmal die Gotteshäuser reichten aus: In der Kathedrale wurden Galerien angefertigt, um alle Gläubigen aufzunehmen, und in der Unterstadt, an der Fusterie, baute man 1713 eine neue Kirche.

Justizpalast

An der Ostseite des Platzes fällt neben dem Polizeigebäude ein wuchtiger Bau auf, der seit 1860 als Justizpalast dient. Im Mittelalter stand hier ein Klarissenkloster, das nach der Reformation in ein »Hôpital géneral« umgewidmet wurde und zu Beginn des 18. Jahrhunderts (1706–1712) seine heutige Form erhielt. Hier fanden nicht nur die Kranken, sondern auch die Armen und Bedürftigen Zuflucht, allerdings galten strenge disziplinarische Regeln und Arbeitszwang.

[27] Evangelisch-Lutherische Kirche

Am schmalen Ende der Place du Bourg-de-Four, wo die Rue de la Fontaine und die Rue Verdaine abwärts Richtung See führen, wird der Platz durch ein schmuckes, dreistöckiges Gebäude mit schmiedeeisernem Gitter begrenzt, das wie ein Wohnhaus aussieht, in Wirklichkeit aber eine Kirche ist. Der im 18. Jahrhundert aus Lyon nach Genf geflohenen deutschen lutherischen Gemeinde wurde ein echter Kirchenbau mit Glockenturm untersagt; dies war den Reformierten vorbehalten. Seit 1954 feiert in diesem »Temple luthérien« von 1762 neben der deutschen auch die englischsprachige lutherische Gemeinde ihre Gottesdienste.

Zurück an der Südseite des Platzes geht es wieder in die quirlige Rue Etienne-Dumont hinein, die geradewegs auf den Rand der Altstadt und die ehemalige Befestigung zuläuft. In früheren Jahrhunderten, als Genf sich durch den Zuzug hugenottischer Flüchtlinge zu einem Zentrum des europäischen Buchdrucks entwickelt hatte, befanden sich in dieser Straße die Druckereien. Mit der Neuauflage der berühmten »Encyclopédie« entstand hier eines der Hauptwerke der Aufklärung.

Promenade du Pin,
Cabinet d'arts graphiques

[28] Place Franz Liszt

Am Ende der Straße lohnt ein Blick in die schmale Rue Tabazan, wo früher die Scharfrichter lebten – die Tabazans, Vater und Sohn, gehörten dazu. Am Eckgebäude der beschaulichen Place Franz Liszt erinnert eine Gedenktafel an den Komponisten und Pianisten, der hier kurze Zeit (1835/36) mit seiner Geliebten lebte und als Klavierlehrer am gerade gegründeten Konservatorium seinen Schülerinnen schöne Augen machte. Über die nach links abzweigende Rue Beauregard gelangt man zum Gelände des ehemaligen Festungsgürtels, dessen Parkanlagen heute beliebte Treffpunkte und Veranstaltungsorte sind.

Reizvoll ist die nahegelegene Grünanlage »Promenade du Pin«, die man erreicht, wenn man die Rue Beauregard über die Brücke ein paar Schritte weiter geht. Parks wie der in den 1860er Jahren hier angelegte, mit verschlungenen Spazierwegen nach englischem Muster, sollten eine zahlungskräftige Klientel für die neuen Wohnquartiere anlocken, aber auch grüne Lungen für die wachsende Bevölkerung schaffen. Dem Maler Ferdinand Hodler gewidmet sind im Park die bronzenen Frauengestalten des Bildhauers Henri König von 1958. Die prächtigen und zur selben Zeit entstandenen Residenzen an der Straße gleichen Namens gaben betuchte Genfer Bürger in Auftrag. Die Nr. 5 gehört zum Musée

Promenade du Pin,
Hodler-Denkmal

d'art et d'histoire, seit Amelie Diodati-Plantamour, Abkömmling einer prominenten Familie, es der Stadt 1927 schenkte. Die dort untergebrachte Sammlung graphischer Kunst mit Werken von Hodler, Liotard und Vallotton kann Di–Fr 11–18 Uhr besichtigt werden.

[29] Promenade de Saint-Antoine

Auf der Promenade de Saint-Antoine stehend kann man sich sehr schön die alten Verteidigungswälle Genfs vor Augen führen. Die gerade erst frisch hergerichtete und teilweise neu bepflanzte Promenade ist Überbleibsel einer Befestigung, die in den 1530er Jahren auf römischen Fundamenten entstand und das Stadtbild massiv veränderte. Für die Errichtung der Schanzen und Gräben wurden alle umliegenden Vororte und Handwerkerquartiere einschließlich ihrer Kirchen (!) geopfert und abgerissen – die gerade reformierte Stadt machte sich selbst zur Festung. Erst ab 1850 konnte sich die mittelalterliche Stadt mit der Schleifung der Mauern aus ihrem steinernen Korsett befreien und an dieser Stelle neu erfinden: Bürgerhäuser und Parks gaben den Basteien ein zeitgemäßes Gesicht, und die Boulevards Émile-Jacques-Dalcroze sowie Helvétique wurden durch die zugeschütteten Wassergräben (tranchées) geführt, die zwischen den Wällen verlaufen waren. Jenseits der Boulevards entstand ein

Franz Liszt
1811–1886, ungarischer Komponist und Pianist. Liszt, der Schöpfer einer ganz neuen musikalischen Sprache und spätere Weimaraner Hofkapellmeister, hatte seine Ausbildung in Wien und Paris durchlaufen. Weil er wegen seiner Beziehung zu der verheirateten Gräfin Marie d'Agoult in Paris einem Gesellschaftsskandal entgehen wollte, bot Genf ein willkommenes Liebesnest. Aber die Klavierstunden am Konservatorium und die im Vergleich zu Paris geringen Konzertgagen reichten nicht, um den Komponisten samt wachsender Familie über Wasser zu halten, so dass sie Genf verließen – erst nach Paris, dann nach Italien.

*Friedrich Glauser
1896–1938, Schriftsteller.
In Wien als Sohn einer
Österreicherin und eines
Schweizers geboren,
verlebte Glauser eine
schwierige Kindheit. Wie
andere Schulen musste er
auch das Collège Calvin
frühzeitig verlassen, kam
aber später besuchswei-
se nach Genf zurück.
Unsteter Lebenswandel,
Morphiumsucht und fi-
nanzielle Engpässe kenn-
zeichneten seinen Werde-
gang. Zum Krimiautor
wurde er aus Geldnot,
bekannt sind vor allem
seine Geschichten um
den Berner Wachtmeister
Jakob Studer. Mit dem
Kriminalroman »Der Tee
der drei alten Damen«,
der mit einem Leichen-
fund an der Place du
Molard beginnt, setzte
Glauser auch Genf ein
literarisches Denkmal. Es
ist zugleich das Porträt
einer Stadt, die sich in
den zwanziger Jahren
mit dem Einzug des Völ-
kerbundes grundlegend
wandelt von stadtstaat-
licher Enge zur Bühne
internationaler Politik.*

großzügiges, geradlinig angeordnetes und vornehmes Wohnviertel mit dem passenden Namen Les Tranchées, das im 19. Jahrhundert einen Kontrapunkt zur engma-schigen Altstadtbebauung setzte.

Die – à la française – exakt auf Linie gebrachten Bäu-me auf der Promenade de Saint-Antoine haben Traditi-on. Schon zu Beginn des 18. Jahrhunderts, als Genf sich zu modernisieren und verschönern begann, wurde die Befestigung mit Bäumen bepflanzt. Die feine Häuserzeile mit ihren klar gegliederten Fassaden – Wohnort begüter-ter Bürger – entstand zu Beginn des 19. Jahrhunderts. Im Haus Nr. 14 betrieb Rodolphe Töpffer eine Erziehungs-anstalt für Jungen.

[30] Collège Calvin

Die Promenade de Saint-Antoine führt geradewegs auf die Rue Théodore-de-Bèze und zum Collège Calvin. 1559 eingeweiht und sogleich erweitert, ist dieser ma-jestätische Schulbau Symbol der großen religiösen und kulturellen Umwälzung, die vom Genfer Calvinismus ausging. Seit Einführung der Reformation bestand in Genf Schulpflicht, für die Ärmeren gab es finanziel-le Unterstützung – dies war geradezu revolutionär für europäische Verhältnisse. Calvin wusste genau, dass er auf Jugend und Bildung setzen musste, wenn seine Lehre auch in Zukunft Früchte tragen sollte. Das renommierte Collège, lange die einzige weiterführende Schule in Genf und bis 1969 ausschließlich für Jungen, drillte seine Schüler auf die harte Tour: zehn Stunden (ohne Haus-aufgaben) Humanismus und Katechismus ab sechs Uhr morgens, und dies sechs Tage lang – der siebte Tag war ohnehin vorgezeichnet! Die Akademie (und Vorgängerin der Universität), die von Beginn an dazu gehörte, zog aufgrund ihrer Vorbildfunktion Theologiestudenten aus ganz Europa an und bescherte der Stadt zugleich verläss-liche Einkünfte. Der prächtige Renaissancebau, in dem Henri Dunant, Jorge Luis Borges und Friedrich Glauser zur Schule gingen, erstrahlt nach der 2015 beendeten Restauration wieder in den alten Ocker- und Rottönen. Sehenswert ist der auffällige Portalvorbau des Westflü-gels, über dessen gotischem Gewölbe eine Doppeltreppe nach oben führt. Die Schlusssteine unter dem Treppen-aufgang nehmen mit Bibelzitaten auf Griechisch, Hebrä-isch, Latein und Französisch Bezug auf die mehrsprachi-ge Ausbildung des Collège.

[31] Musée d'art et d'histoire

*Di–So 11–18 Uhr, Eintritt frei,
dt. Audioguide erhältlich*

Alte Stadtmauer im Parkhaus Saint-Antoine
Von der Promenade de Saint-Antoine führen eine Treppe und ein gläserner Aufzug hinunter auf die Straßenebene. Wendet man sich am Fuß der Treppe nach links, gelangt man nach ein paar Metern zur Einfahrt des Parkhauses Saint-Antoine, wo nicht nur Autos warten, sondern auch ein restauriertes Stück der originalen Befestigungsmauer samt Schießscharten und Wehrgängen aus dem 16. Jahrhundert. Ein Tischmodell rekonstruiert die Gesamtanlage, und eine kleine Fotoausstellung zeigt Genf nach Schleifung der Bastion. Die sehr sehenswerte Anlage ist einen Abstecher wert, zumal der Eintritt frei ist!

Geht man über die Rue Théodore-de-Bèze zurück, steht man wieder auf der alten Festungsmauer und hat links den imposanten Jahrhundertwendebau des größten Genfer Museums im Blick. Ursprünglich hervorgegangen aus der Sammlung der schönen Künste im Musée Rath und im 19. Jahrhundert mit anderen Sammlungen und Schenkungen vereint, konnte dieser Bau mit dem Vermögen des Finanzmaklers und Kunstliebhabers Charles Galland finanziert werden. Dieser vermachte der Stadt 1901 die stolze Summe von 8,5 Millionen Franken mit der Auflage, ihm eine Straße zu widmen, was auch geschah. Architekt des 1910 vollendeten Museums mit prächtiger Beaux-Arts-Fassade war der Genfer Marc Camoletti, der auch das repräsentative Postamt an der Rue du Mont-Blanc entwarf. Die schiere Größe des Museums macht eine Auswahl unumgänglich, bei der der übersichtliche Museumsblog (blog.mahgeneve.ch) hilft. Unbedingt anschauen sollte man das berühmteste Bild des Hauses, den »Wunderbaren Fischzug« des Basler Künstlers Konrad Witz von 1444. Ursprünglich Altarbild der Kathedrale und arg beschädigt durch eifernde

Bilderstürmer, hat das herrlich restaurierte Gemälde seinen festen Platz in der Kunstgeschichte: Es ist die erste realistische Landschaftsdarstellung und zugleich die früheste Ansicht des Genfer Hafenbeckens und seiner Umgebung. Stolz ist das Museum auch auf die berühmten Leitern aus der Escalade-Nacht im Waffensaal und die sehenswerte Gemäldesammlung des 18. und 19. Jahrhunderts mit Werken der Schweizer Landschaftsmaler Liotard, Calame, Diday und – nicht zu vergessen – den großartigen Ansichten des Genfer Sees von Hodler. Obwohl schon heute mit 65 000 Werken – von denen etwa 10 000 ausgestellt sind – eines der größten Museen der Schweiz, plant das »MAH« eine Vergrößerung seiner Ausstellungsfläche. Entwürfe des Pariser Stararchitekten Jean Nouvel, die eine Überdachung des Innenhofes vorsehen, sorgten 2015 für heftige Diskussionen. Wer hungrig ist, dem sei der prächtige Speisesaal des Museumsrestaurants empfohlen, im Sommer kann man auch im wunderschönen Hof sitzen.

Die dem Museum gegenüberliegende Promenade de l'Observatoire ist absolut zu empfehlen. Hinter der Ausgrabungsstätte an der Rue Théodore-de-Bèze gern übersehen, bietet die Grünanlage einen grandiosen Blick über Stadt und See, bei guter Sicht bis zur französischen Jurakette. Die auffällige Skulptur »Reclining Figure« von Henry Moore (1969/70) gehört zum Museumsbesitz.

Promenade de l'Observatoire mit der Skulptur von Henry Moore

Rue de la Croix-d'Or

[32] Geschäftsstraßen in der Unterstadt

Anschließend geht es den Boulevard Dalcroze hinunter in die Unterstadt, in Genf Rues Basses, also Untere Stra-ßen, genannt. Auf der rechten Straßenseite sieht man noch Überreste der alten Kasematten, in denen früher das Schießpulver gelagert wurde. Nach Überqueren der Rue Ferdinand-Hodler ist es nicht mehr weit zum Rond-Point de Rive. Der gesichtslose und auf seine Funktion als Verkehrsplatz beschränkte Ort war einst Teil der Stadtmauer mit dem Stadttor Porte de Rive.

Rue de la Confédération
Die Vorgängerin der
heutigen Einkaufsstraße
Rue de la Confédération
hieß früher Rue des
Allemands, die Straße der
Deutschen. Dort hatten
während der Messen die
Händler aus Deutsch-
land und der deutschen
Schweiz ihre Stände. Die
antideutsche Stimmung
im Ersten Weltkrieg
nach dem Einmarsch
der Deutschen in das
neutrale Belgien führte
zur Umbenennung der
Straße.

Die Rue de Rive ist die zentrale Einkaufsstraße von Genf, die auf eine lange Geschichte zurückblickt. War der Altstadthügel seit jeher politischer und religiöser Mittelpunkt der Stadt, so gehörten die Rues Basses dem Handel und der Wirtschaft. Zur Zeit ihrer ers-ten wirtschaftlichen Blüte vom 12. bis 14. Jahrhun-dert, als die Stadt die großen internationalen Messen ausrichtete, standen hier die Marktstände dicht an dicht. Und seit Genf im Ruf stand, eine bedeutende Finanzkapitale zu sein, lebten hier die Bankiers, allen voran die Vertreter der Medici. Geschäfte und Banken bestimmen auch heute die Szenerie: Die Rue de Rive und ihre Fortsetzung als »Croix-d'Or«, »Marché« und »Confédération« sowie die parallel zum See hin verlau-fende Rue du Rhône sind Einkaufsmeilen gediegener

Qualität, auf denen alle bekannten Hersteller vertreten sind und wo für Luxusuhren Riesensummen über den Ladentisch gehen. Aber auch diese Geschäfte laufen nach Genfer Art: diskret und ohne Pomp und lautes Getöse – um anzugeben, so sagen die Genfer, muss man nach Zürich fahren.

Im 19. Jahrhundert wurde die zurückhaltende Genfer Architektur um Bauten im Pariser Stil mit französischen Fenstern und Mansarddächern erweitert, wie man an den hübschen Seitenstraßen der Rue de Rive erkennen kann. Seitdem erheben sich auf den ursprünglich schmalen Parzellen auch üppige Geschäftshäuser, mal mit Dachgebälk im Schweizer Heimatstil, mal gemischt-eklektizistisch, wie es im 19. Jahrhundert gefiel. An der Ecke zur links abbiegenden Rue de la Fontaine sitzt in einem Bau mit abgerundeter Eckfassade von 1924 die berühmte Firma Davidoff, eine Genfer Institution. Henri Davidoff war 1911 mit Frau und Sohn vor den antijüdischen Pogromen Russlands geflüchtet und hatte an der Rue des Philosophes im Plainpalais, inmitten der dortigen russischen Enklave, ein Tabakgeschäft eröffnet, in dem auch sein Landsmann Lenin verkehrte.

Bevor es gegenüber von Davidoff rechts auf die Place de Longemalle geht, lohnt ein Blick in die Rue de la Croix-d'Or mit ihrem auffälligen und in Genf seltenen Ensemble von Jugendstilbauten auf der linken Seite.

Lenin (eigentlich Wladimir Iljitsch Uljanow) 1870–1924, Politiker und Revolutionär. Ab 1900 hielt sich Lenin vorrangig im Exil auf, darunter auch lange in Genf, Bern und Zürich. Die Universitätsstadt Genf war Anfang des 20. Jahrhunderts Tummelplatz für radikale Sozialisten und Anarchisten, die in ihrer Heimat steckbrieflich gesucht wurden. Zu ihnen gehörte auch Lenin, der von September 1904 bis Oktober 1905, 1908 und erneut im Winter 1917 bis zu seiner Rückkehr nach Russland in Genf lebte.

Blick in die Rue de la Croix d'Or, am linken Bildrand das Zigarrengeschäft der Firma Davidoff

Hôtel Longemalle

[33] Place de Longemalle

Vor dem trapezförmigen Platz, der sich zur Seeseite hin öffnet, befand sich im Mittelalter – als Wasserweg und Handelsplatz noch nicht durch die im 19. Jahrhundert angelegten Kaianlagen getrennt waren und das Wasser bis an die Straßen heranreichte – einer der drei Häfen Genfs (Longemalle, Molard und Fusterie). Auffälligstes Haus am Platz ist das Hôtel Longemalle von 1905 mit hohem Spitzgiebel. Die typischen Bausünden der siebziger und achtziger Jahre, die auch vor Genfs Geschäftsviertel nicht Halt gemacht haben, verschandeln leider den Anblick des benachbarten Edelhotels »Cigogne« (1901).

[34] Place du Molard

Am Ende der Rue Neuve-du-Molard erreicht man die Place du Molard, einen der charmantesten und belebtesten Genfer Plätze. Tagsüber sind die Restauranttische unter den Platanen immer gut besucht, und am Abend sorgen die im Pflaster verlegten Leuchtsteine, die sich zum See hin verdichten und dadurch eine gestalterische Verknüpfung zum historischen Seehafen herstellen, für eine stimmungsvolle Atmosphäre. Das Areal, das noch im Mittelalter ein Hafenbecken aufwies, so dass Güter direkt

Uhrturm (Tour Molard)

hier entladen werden konnten, war nicht nur einer der wichtigsten Umschlagplätze der Handelsstadt; hier wurde im Januar 1533 auch zum ersten Mal öffentlich die neue reformatorische Lehre gepredigt. Der langgestreckte Bau, in dem sich die Gourmet-Ecke des Kaufhauses Globus befindet, ist die ehemalige Halle der Tuchmacher (1690), deren Vertreter lange einen der bedeutendsten Industriezweige Genfs stellten. Älter ist der aus dem 14. Jahrhundert stammende Uhrturm (Tour Molard), früher Teil der Festung zum Schutz des Hafens und inzwischen gut besuchtes Weinlokal. An der Seite preist ein steinernes Relief »Genf, die Stadt der Flüchtlinge«.

Monument National

[35] Jardin Anglais

Die reizvolle Grünanlage entstand im 19. Jahrhundert, als die Hafenbastionen geschleift und die Quais gebaut wurden. Der englische Garten gehörte damals zum Hôtel Métropole, das dort mit Tee- und Musikpavillon seine englischen Gäste erfreute. Heute ist die berühmte Blumenuhr des Parks von 1955 – florales Symbol der Genfer Uhrenindustrie – Hauptattraktion für die asiatischen Touristen. Das 1869 eingeweihte Monument National erinnert an den Beitritt Genfs zur Eidgenossenschaft im Jahr 1815, traulich vereint stehen Geneva und Helvetia.

DAS INTERNATIONALE GENF

[36] Mit der »Mouette« über den See

Ans gegenüberliegende Ufer, wo sich das moderne und internationale Genf befindet, kommt man vom Ableger Molard am schnellsten und bequemsten mit den kleinen gelben Booten der öffentlichen Linie 1 (wofür ein normales TPG-Ticket oder eine Tageskarte reicht). 1897 von der Société des Mouettes (Möwen) erst noch als Dampfboote eingesetzt, transportieren die heute mit Biodiesel angetriebenen »Möwen« etwa 1,2 Millionen Passagiere pro Jahr. Wenn man auf den unüberdachten Außensitzen einen Platz erwischt, hat man während der Fahrt einen herrlichen Blick auf den Hafen und Genfs berühmtes Wahrzeichen, die weithin sichtbare Wasserfontäne (siehe Nr. 39). Wer die Rhône lieber zu Fuß »überquert« und auf der Rousseau-Insel vielleicht einen Kaffee trinken möchte, geht über den Pont des Bergues, nur wenige Schritte stadteinwärts von der Station Molard entfernt.

[37] Rousseau-Insel

Bei der Überfahrt sieht man auf der linken Seite am Ausfluss der Rhône aus dem See die zauberhafte Rousseau-Insel, die seit 1583 Teil der Befestigungsanlage war und ab 1628 unter dem Namen Île des Barques (Boote) bekannt war. Zweihundert Jahre später entsannen sich die Genfer ihres berühmten Bürgers Jean-Jaques Rousseau, der anfangs stolz mit »citoyen de Genève« unterzeichnet hatte und dessen Hauptwerke dennoch verbrannt worden waren, und widmeten ihm die kleine Insel. Das 1835 dort von James Pradier gestaltete Denkmal zeigt den Philosophen im Sessel sitzend, mit der Feder in der Hand und einem Buch auf dem Knie. Bis zu seinem 300. Geburtstag im Jahr 2012 blickte Rousseau über den See aus der Stadt hinaus. Im groß gefeierten Jubiläumsjahr wurde er anlässlich der Renovierung der Anlage um 180 Grad gedreht und hat jetzt die Mont-Blanc-Brücke im Rücken und den Altstadthügel fest im Blick. Der Philosoph, der wusste, dass »die Wiedergutmachung, die man mir schuldet«, kommen würde, scheint endgültig akzeptiert zu sein in seiner Heimat. Die Rousseau-Insel und ihr malerischer Getränke-Kiosk mit seinen schönen Terrassenbänken sind ein Refugium für Liebespärchen und erschöpfte Touristen. Man erreicht sie über den 1834 errichteten Pont des Bergues, der leider 1970 bei einem Umbau sein neoklassizistisches Geländer einbüßte. Die Brücke ist seitdem genauso schmucklos wie die neue stählerne Mont-Blanc-Brücke von 1903, unter der das Boot durchfährt.

Rousseau-Denkmal auf der Rousseau-Insel

Quai Wilson Nr. 39

[38] Die Kaianlagen auf der Rive Droite

Tuchherstellung und Baumwolldruck, Ende des 17. Jahrhunderts von südfranzösischen protestantischen Flüchtlingen mit nach Genf gebracht, entwickelten sich im 18. Jahrhundert zum zweitstärksten Wirtschaftszweig nach der Uhrenindustrie. Es gab auf beiden Seiten des Sees mehr als ein Dutzend teilweise riesiger Betriebe. Am größten war die 1728 gegründete Firma Fazy, die erfolgreich neue Färbetechniken entwickelte und sich mit ihrem »Bleu« und »Noir de Genève« einen Namen machte. Die Wirtschaftskrise nach den Napoleonischen Kriegen und billige Importe aus England läuteten das Ende der Genfer Tuchindustrie ein.

In Fahrtrichtung erblickt man auf der linken Seite das einheitliche architektonische Ensemble des Quai des Bergues. Groß und majestätisch wünschte sich Genfs erster Stadtplaner, der spätere General Dufour, die neuen Kaianlagen des 19. Jahrhunderts, die die Stadt zum See hin öffneten. Wo früher die Waschfrauen bei der Arbeit waren und bis 1827 die berühmten »Indiennes« der Tuchhersteller Fazy zum Trocknen auslagen, entstanden Wohnhäuser und 1834 das elegante Hôtel des Bergues, eines der ersten Schweizer Grandhotels. Denn erst als die Besucher des 19. Jahrhunderts die Berge als Motiv und Touristenziel entdeckten, wurde diese Seite des Sees mit Blick auf den Mont Blanc attraktiv. Weil Genf damals komfortabel an zwei klassischen Reiserouten lag, war es beliebter Zwischenstopp für den europäischen Adel: Reiche Russen und Polen zog es an die französische Mittelmeerküste, und der unaufhaltsame Strom der englischen Besucher ergoss sich in die Alpen und nach Italien. Im Vergleich zu den stillen Straßen und Gassen der Altstadt herrscht hier unten buntes Treiben. An den Quais und in den Parkanlagen, wo es immer voll ist, erlebt man die andere Seite der Stadt: das junge und internationale Genf, das sich auf teuren Vélos und Inlinern selbst inszeniert und nach der Arbeit für einen Apéro oder ein Glas Wein hier vorbeischaut.

[39] Jet d'Eau

Eigentlich wollten die Genfer im 19. Jahrhundert nur den Überdruck aus der Druckwasserleitung ablassen, mit der die Genfer Handwerker ihre Maschinen betrieben. Und so entstand 1886 beim Wasserkraftwerk La Coulouvrenière inmitten der Rhône, dem inzwischen zu einem wunderbaren Konzertsaal auf Flussebene umgebauten Bâtiment des Forces Motrices, eine Fontäne. Obwohl der Wasserstrahl anfangs pfeilgerade nach oben schoss und mit 30 Metern nicht sonderlich hoch war, zog er die Besucher in Scharen an, und so entwickelte sich daraus eine Touristenattraktion, die 1891 ihren jetzigen Platz im Genfer Hafenbecken fand. Die mit 140 Metern höchste Fontäne Europas schießt mit zwei Pumpen pro Sekunde 500 Liter mit Druckluft versetztes Seewasser nach oben, und dies mit einer Geschwindigkeit von 200 km/h. Im Sommer ist der Jet d'Eau bis 23.15 Uhr an, im Frühjahr und Herbst bis 22.30 Uhr – ab Einbruch der Dunkelheit eindrucksvoll illuminiert. Bei starkem Wind oder Temperaturen um den Gefrierpunkt wird er ausgestellt.

Die »Mouette« legt am belebten Quai du Mont-Blanc an, wo die Besucher auf die Ausflugsdampfer warten und an Genfs renommierten Nobelhotels vorbeispazieren, die wie auf einer Perlenschnur aufgereiht die Uferstraße säumen. Aber wir wenden uns zunächst nach links, um Genfs skurrilstes Denkmal nicht zu verpassen.

Genfer See (Lac Léman)
Der mit 580 Quadratkilometern zweitgrößte See Mitteleuropas liegt zu 60 Prozent auf Schweizer und zu 40 Prozent auf französischem Staatsgebiet. Die Rhône, die ihn hauptsächlich speist, fließt bei Genf wieder heraus. Mit maximal 310 Metern Tiefe ist er Frankreichs tiefster See, seine Länge beträgt 64 Kilometer. Tipp: Die dort gefangenen Filets de perche (ein kleiner Barsch) sind eine Genfer Spezialität!

[40] Monument Brunswick

Mitten im Jardin des Alpes, einem 1857 zur Verschöne-
rung der Uferanlagen gestalteten Park, erhebt sich das
übermächtige und wegen seines auffälligen Marmor-
Baldachins kaum zu übersehende Grabmal für Karl II.,
Herzog von Braunschweig, der 1873 in Genf verstorben
war. Genau dies hatte sich der exaltierte Karl, der in
Braunschweig nach einem Verfassungsstreit und revolu-
tionären Unruhen abgesetzt und zur Flucht gezwungen
worden war, in seinem Testament ausbedungen: die Stadt
Genf sollte sein Vermögen bekommen – aber nur unter
der Auflage, ihm an exponierter Stelle eine standesgemäße
Grabstätte zu errichten. Die Genfer Stadtherren dachten
an den Bau des Opernhauses und mochten das Erbe von
22 Millionen Goldfranken nicht ausschlagen. Wunschge-
mäß ließen sie gleich neben dem Hôtel Beau-Rivage, wo
der Herzog gestorben war, ein Grabmal im gotischen Stil
nach Vorbild der veronesischen Scaliger fertigen. Oben-
auf thronte ursprünglich – auch dies nach herzoglichem
Willen – sein eigenes Reiterstandbild. Weil es dort in lufti-
ger Höhe nicht sicher stand, wurde es wieder herunterge-
holt, seitdem befindet es sich auf der Nordseite des Parks.
Das hübsche kleine Cottage Café hinter dem Monument
bietet schattige Plätze für Drinks und kleine mediterrane
Gerichte mit Blick auf den Jet d'Eau.

Mini-Train
Für alle die, die müde
vom Laufen oder mit
Kindern unterwegs sind,
bietet sich für die folgen-
de Route am See auch
eine Fahrt mit der Mini-
Train an. Die 30-minü-
tigen Rundfahrten vom
Monument Brunswick
bis zum Botanischen
Garten (und zurück)
kosten rund 9 CHF und
dauern etwa 30 Minuten.
Die Bahnen fahren im
Sommer täglich und im
Winter eingeschränkt
(www.trains-tours.ch).

[41] Hôtel Beau-Rivage

Geht man nun wieder zurück Richtung See, sieht man gleich neben dem Monument Brunswick die vielleicht bekannteste Luxusherberge der Stadt, das Beau-Rivage. Das 1865 errichtete Nobelhotel, das seit 150 Jahren – angefangen von Bayernkönig Ludwig II. bis UN-Generalsekretär Kofi Annan – die internationale Prominenz bewirtet, konnte 1873 mit der technischen Neuheit des ersten Genfer Fahrstuhls, des zweiten in der Schweiz, aufwarten. 1898 wurde es schlagartig weltbekannt, weil Sisi, die österreichische Kaiserin Elisabeth, am Ufer des Genfer Sees einem Attentat zum Opfer fiel und kurz darauf in ihrer Suite in Anwesenheit von Fanny Mayer, der schockierten Frau des Hoteliers, starb. Ende Oktober 1918 trafen sich hier tschechoslowakische Politiker, unter ihnen der spätere erste Staatspräsident Tomáš Garrigue Masaryk, und vereinbarten die Gründung der Tschechoslowakei. 1987 machte das Hotel noch einmal Schlagzeilen mit dem spektakulären Foto des toten schleswig-holsteinischen Ministerpräsidenten Uwe Barschel in der Badewanne von Zimmer 317. Das Beau-Rivage, das in seinen exklusiven Zimmern und Sälen nach wie vor den Alte-Welt-Charme der großen Palasthotels versprüht, ist immer noch in Familienbesitz, die Sisi-Suite kann gebucht werden!

Fahrrad-Verleih
Unter dem Motto »Genèveroule!« kann man in Genf von Mai bis Oktober Fahrräder bis zu vier Stunden frei mieten. Voraussetzung ist das Vorzeigen eines Ausweises und die Hinterlegung einer Kaution von 20 CHF. Wer also keine Lust hat, den Spaziergang von hier durch die Parkanlagen und hinauf zu den Vereinten Nationen zu Fuß zurückzulegen, der mietet sich an der Station »Bains des Pâquis« ein Fahrrad, das an der Station »Place des Nations« wieder abgegeben werden kann. Gegen Bezahlung lässt sich die Fahrtzeit auch verlängern (Informationen und Stationen unter www.geneveroule.ch).

IN MEMORIAM

ELISABETH IMPERATRICE D'AUTRICHE, REINE DE HONGRIE

1898 ~ 10 SEPTEMBRE ~ 1998

[42] Sisi-Denkmal

Gleich gegenüber vom Beau-Rivage, am Ufer des Genfer Sees, wo sich das Attentat ereignete, steht die wunderbare Bronzestatue des Schotten Philip Jackson (geb. 1944) – eingeweiht im September 1998 zum hundertjährigen Todestag Sisis. Gealtert, aber immer noch auf ihre Wespentaille bedacht, so muss man sich die exzentrische, magersüchtige Kaiserin vorstellen, die am 9. September 1898 in Genf eintrifft, auf der Flucht vor sich selbst und der verhassten Wiener Hofburg. Obwohl sie mit ihrer ungarischen Hofdame incognito im Hôtel Beau-Rivage absteigt, bleibt es kein Geheimnis, wer sich in Wirklichkeit hinter dem Pseudonym der Gräfin von Hohenembs verbirgt. Als Sisi mit ihrer Begleiterin am frühen Nachmittag des 10. September den Dampfer nach Montreux besteigen will, fügt ihr der Attentäter Luigi Lucheni mit einer angespitzten Feile einen tödlichen Stich zu. Erst auf dem Boot wird die Wunde entdeckt, aber der herbeigerufene Arzt kann im Beau-Rivage nur noch den Tod feststellen. Lucheni wollte der verhassten Monarchie einen Schlag versetzen; er beging später Selbstmord im Genfer Gefängnis auf dem Altstadthügel.

[43] Bains des Pâquis

Setzt man den Spaziergang stadtauswärts am Seeufer fort, sieht man gleich hinter dem Beau-Rivage das 1924 erbaute Hôtel Angleterre. Wer es britisch mag, kann dort mit unverstelltem Blick auf die Fontäne seinen 5-Uhr-Tee genießen. Dem Bau des benachbarten Hotels Kempinski mit seiner schonungslos modernen Glas-Beton-Architektur der achtziger Jahre war der Abriss des alten Kursaals im prächtigen Belle Époque-Stil vorausgegangen. Aber der im Untergeschoss eingerichtete Theatersaal mit seinen Veranstaltungen versöhnte die Genfer ein bisschen mit dem Neubau. Geht man einen Straßenblock weiter, wo die eleganten Jugendstilfassaden in Sicht kommen, erreicht man auf der Seeseite des Quai du Mont-Blanc eine echte Institution: die 1932 erbaute Badeanstalt Bains des Pâquis in der Hafenmole mit dem hübschen weißen Leuchtturm von 1896. Ursprünglich aus hygienischen Gründen für die Arbeiterbevölkerung des nahegelegenen Pâquis-Viertels konzipiert, war dieses Schwimmbad von Anfang an ein Riesenerfolg. Das

Elisabeth (Sisi) von Österreich
1837–1898, Kaiserin von Österreich und Königin von Ungarn. Jung, schön, freiheitsliebend und unglücklich, seit sie mit siebzehn Jahren an Franz Joseph verheiratet und ins Korsett des starren Wiener Hoflebens gepresst wurde – so kennt man Elisabeth seit den Sisi-Schmachtfilmen der fünfziger Jahre. Als die Kaiserin sechzigjährig in Genf starb, war sie längst einsam und depressiv, hatte sich bereits dreißig Jahre vor der Öffentlichkeit, von der sie sich nie verstanden fühlte, versteckt. Den Tod musste sie akzeptiert haben, denn Attentatspläne gab es seit längerem, aber Polizeischutz lehnte Elisabeth ab. Am Meer wollte sie sterben und begraben werden – am Ende kam der Tod am Genfer See, und als letzte Ruhestätte blieb doch nur die Wiener Kaisergruft.

Der Kontrast könnte kaum größer sein zwischen der exklusiven Hotellerie an der Seepromenade und dem sich gleich dahinter erstreckenden Viertel Pâquis, das um 1850 nach Abriss der Befestigungsanlagen entstand. Das bunteste und kosmopolitischste Genfer Viertel ist wegen der Mischung traditioneller und exotischer Restaurants und Bars beliebte Ausgehmeile der Stadt, hat aber als Nachtlokalszene und Rotlichtbezirk auch mit Drogenhandel und Kleinkriminalität zu kämpfen.

Die Badeanstalt Bains des Pâquis

Vorgängerbad, noch aus Holz, wurde bereits Ende des 19. Jahrhunderts errichtet. Als 1922 der Strand hinzukam, bedeutete dies Badevergnügen für die ganze Familie. Über 200 000 Besucher zählt das attraktive Bad mit Kieselstein-Stränden und Aussicht auf die Altstadt jeden Sommer, und an heißen Tagen kommt man um die lange Kassenschlange nicht herum. Im Winter gibt es Sauna, Hammam und Massagen. Ausgesprochen beliebt – und immer ausgebucht – ist das in der kalten Jahreszeit im Innenraum auf Bierbänken vor den Umkleidekabinen servierte Käsefondue. Unbedingt reservieren! Als in den 1980er Jahren Abrisspläne für das Bains des Pâquis bekannt wurden, regte sich massiver Protest in der Bevölkerung, bis eine typische Schweizer Volksabstimmung dem Vorhaben ein Ende setzte. Das Bad gehört auch im internationalen Genf zu den wenigen Plätzen, wo sich alle Alters- und sozialen Gruppen regelmäßig begegnen und ist daher ein echter melting pot! Zu empfehlen ist vor allem im Sommer die preiswerte Buvette des Bains (Getränke und Imbiss) auf dem Sonnendeck des Bades, zu der auch Nicht-Schwimmbadbesucher Zugang haben. Frühaufsteher genießen im Juli und August jeden Tag ab sechs Uhr morgens kleine Jazz- oder Klassikkonzerte, die bei aufgehender Sonne über dem See ausgesprochen stimmungsvoll sind (für nähere Informationen www.bains-des-paquis.ch). Der Eintritt ist gratis, und wer noch vor sechs Uhr erscheint, bekommt den Kaffee umsonst.

[44] Palais Wilson

Als sich der Genfer Hafen, einst eine schmutzige Kloake, gegen Ende des 19. Jahrhunderts mehr und mehr den Freizeitaktivitäten und dem Tourismus öffnete, kamen neben exklusiven Hotels wie dem ehemaligen Grandhotel Bellevue (Nr. 37) auch Appartementhäuser mit Seeblick in Mode. Die prächtigen weißen Jahrhundertwendebauten am Quai Wilson haben verführerische Namen wie »Beau-Site« (Nr. 39) oder »Splendide Beau-Rivage« (Nr. 41) und setzen einen auffälligen Kontrapunkt zur nüchternen Ästhetik des alten Genf. Dass der langgestreckte Bau des jetzigen Palais Wilson bei seiner Fertigstellung 1875 das neueste und schickste Genfer Grandhotel (»Hôtel National«) dieser Zeit war, ist heute nur noch zu erahnen. Das im französischen Renaissance-Stil erbaute Haus ging schon fünf Jahre nach der Einweihung pleite und erlebte wechselnde Besitzer. Nach längerem Leerstand erwarb 1920 der neu gegründete Völkerbund das ehemalige Hotel, und aus den 225 Gastzimmern wurden Büros. 1924 wurde es zu Ehren des verstorbenen US-Präsidenten Woodrow Wilson zum Palais Wilson umgewidmet. Nach Auszug des Völkerbundes 1936, längerem Niedergang und zwei Bränden (zuletzt 1987) wurde das Gebäude in den 1990er Jahren grundlegend

Thomas Woodrow Wilson 1856–1924, US-Präsident. Der Jurist und Universitätsprofessor kam spät in die Politik. Seit 1913 amerikanischer Präsident, warb er nach Kriegsausbruch zunächst für Neutralität, um schließlich doch Amerikas Kriegseintritt auf Seiten der Alliierten zu seiner Sache zu machen. Nach 1918 sah er die Rolle der USA darin, bei der Stabilisierung von Europas Frieden und Demokratie mitzuwirken. Sein 14-Punkte-Programm führte 1919 zur Gründung des Völkerbundes mit Sitz in Genf. 1919 erhielt er den Friedensnobelpreis.

renoviert. Seit 1992 im Besitz der Schweiz, beherbergt es seit 1998 das UN-Hochkommissariat für Menschenrechte (UNHCR).

Nach der letzten Rasenfläche am See, wo die weithin sichtbare Skulptur »L'adolescent et le cheval« (1976) steht, verlassen wir die Uferpromenade mit ihren regelmäßig getrimmten Platanen und betreten Genfs grandiose Parklandschaft, die sich vom Seeufer über den Botanischen Garten bis hinauf in den Parc Ariana bis zu den Vereinten Nationen erstreckt. Auf dem Gelände, wo sich die berühmten Familien im 17. und 18. Jahrhundert Sommersitze mit Lustgärten im barocken Stil errichteten – wie es rund um die Stadt in Mode kam – legten im 19. Jahrhundert die wohlbestallten Genfer Bankiers und reichen Bürger Landschaftsparks an. Ihre Nachkommen vermachten sie der Stadt, und heute sind ihre Anlagen, auf denen sich penibel gepflegte Rasen- und Blumenflächen mit wilden Streuwiesen abwechseln, Freizeitpark für alle – und das beliebteste Naherholungsgebiet der Stadt.

[45] Villa Mon-Repos

Bevor man hinter den Bäumen des Mon-Repos-Parks das eigentliche Herrenhaus sehen kann, stößt man auf die ehemalige Orangerie, in der eine kleine interaktive

Naturkundeschau zum Mitmachen einlädt. Die Villa Mon-Repos, die nach ihrem letzten privaten Besitzer auch Villa Plantamour heißt, erhielt ihre heutige Form in der zweiten Hälfte des 19. Jahrhunderts, nachdem der Naturwissenschaftler Philippe Plantamour 1856 das Anwesen gekauft hatte und erweitern ließ. Plantamour hatte ein Verfahren zur Vergoldung von Zahnrädchen entwickelt, was ihm in der Uhrenstadt Genf einträgliche Einnahmen gesichert haben dürfte. Noch früher, Mitte des 18. Jahrhunderts, hätte man hier den notorischen Frauenverführer Casanova treffen können. In seinen späteren Erinnerungen brüstete er sich mit Schäferstündchen im Park.

Kriegerdenkmal für die Gefallenen der Weltkriege im Park Mon-Repos

Es lohnt sich, um die Villa herumzugehen und auch einen Blick auf die vornehme Allee zu werfen, die vom Haupteingang an der Rue de Lausanne zum Herrenhaus führt. Unter der Bedingung, dass sein Anwesen nicht als Restaurant, Hotel oder Casino genutzt werde, ging Plantamours Besitz nach seinem Tod 1898 an die Stadt Genf. Der Park mit seinem seltenen Baumbestand ist seitdem für die Öffentlichkeit zugänglich. Nach wechselvoller Nutzung durch Rundfunk- und Fernsehanstalten ist die Villa Plantamour seit 1999 Sitz des Centre pour le dialogue humanitaire, einer privaten Stiftung, die sich im Bereich der Konfliktlösung und Mediation betätigt. Auf dem Parkgelände befindet sich auch das 1921 errichtete Kriegerdenkmal für die Gefallenen der Weltkriege. Geht man weiter am See entlang, gelangt man übergangslos in den benachbarten Moynier-Park.

[46] Villa Moynier

Auf dem Gelände stand seit 1765 eine berühmte Nobelunterkunft, die Auberge de Sécheron, das spätere Hôtel d'Angleterre (dessen »Neubau« aus den 1920er Jahren jetzt am Quai du Mont-Blanc beheimatet ist). Gäste wie Napoleon Bonaparte und Joseph II. stiegen hier ab, aber auch Benjamin Constant, Lord Byron und Percy Bysshe Shelley mit seiner Geliebten Mary Wollstonecraft, die hier die freie Liebe propagierten, aber auch ein paar große literarische Werke hinterließen. 1845 ging das Gelände an den Bankier Barthélemy Paccard über, für den der junge Architekt Samuel Darier die schlichte, kubusförmige Villa im Stil des Neoklassizismus baute. Nach dem Tod Paccards und seiner Witwe erbte die Tochter das Anwesen, die 1851 den Juristen und späteren Rotkreuzmit-

Mary Shelleys »Frankenstein«
Kaum zu glauben, dass ausgerechnet das ruhige und idyllische Genf der Entstehung von Mary Wollstonecraft Shelleys (1797–1851) legendärem Roman »Frankenstein oder Der moderne Prometheus« ist. Als die Schriftstellerin achtzehnjährig erstmals nach Genf kam und mit ihrem späteren Mann und einer jungen englischen Literatenrunde im Hôtel Angleterre abstieg – später dann in Cologny auf der anderen Seeseite – erlebte sie den Genfer See im »Weltuntergangssommer« 1816 nur rau und unheimlich, voller Gewitter, Hagel und eisiger Temperaturen. In diesem Aufruhr der Natur entstand die literarische Gestalt des Schweizer Arztes Victor Frankenstein und seiner grausigen Schöpfung. Seit 2014 ist die beängstigend ausschauende Bronzestatue »Frankie«, die Arbeit des Künstlerkollektivs KLAT, im Plainpalais nahe des Skateparks zu besichtigen.

Gustave Moynier
1826–1910, Jurist. In Genf geboren und am Collège Calvin zur Schule gegangen, war Moynier früh empfänglich für humanistische Arbeit und wurde Mitbegründer des Roten Kreuzes. Als zweiter Präsident (nach Dufour) stand er 46 Jahre an der Spitze des IKRK (Internationales Komitee vom Roten Kreuz). Der Visionär Dunant und der Pragmatiker Moynier prägten beide auf ihre Weise die Hilfsorganisation. Zum Bruch kam es 1867 nach Dunants Konkurs, als Moynier dessen Ausschluss aus dem Roten Kreuz betrieb – ein Zerwürfnis, das bis zum Tod beider 1910 nicht mehr gekittet wurde.

begründer Gustave Moynier geheiratet hatte und damit dessen finanzielle und gesellschaftliche Position deutlich aufwertete. Moyniers Erbe verkaufte das Gelände 1926 an den Völkerbund, der ursprünglich hier seinen Sitz plante, bevor sich der Bauplatz im Ariana-Park ergab. Seitdem hat auch die Öffentlichkeit Zugang zum Park. Die Villa gehört heute als Akademie für humanitäres Völkerrecht und Menschenrechte zur Universität Genf.

[47] »Perle du Lac«

Schlendert man am See entlang weiter durch die Grünanlagen, zeigt sich noch einmal, dass Genf vor allem eine Stadt des Sommers ist, deren Reichtum an Parklandschaften auf beiden Seiten des Sees zwischen Mai und September erst richtig zum Tragen kommt. Dann sind die Rasenflächen voller Picknickdecken, Tragegrills und Musik – die Genfer genießen das großartige Wetter, und vom calvinistischen Erbe der Stadt ist nichts mehr zu spüren! Dahinter steckt seit ein paar Jahren auch eine bewusst liberale Haltung der Stadt. Etwas gediegener als auf der Gartendecke speist man auf der Terrasse des Traditionsrestaurants »Perle du Lac«. Das Lokal neben dem großen Springbrunnen und den opulenten Blumenrabatten hat den großen Vorteil, auch am Wochenende

geöffnet zu haben, was in Genf keine Selbstverständlichkeit ist. Wenn man in der »Perle« vom simplen Plastikgestühl der Außenplätze – einer verbreiteten Genfer Unsitte – absieht, gibt es kaum einen schöneren Platz am Seeufer, um den Mont Blanc zu bestaunen. Ursprünglich ein Nebengebäude der benachbarten Villa Bartholoni, ist das Haus im Schweizer Chaletstil seit 1930 ein Restaurantbetrieb. »Heureux celui qui sur les bords peut longtemps se reposer« (Glücklich ist, wer sich an diesem Ufer lange ausruhen kann), heißt es auf der Fassade. Seit May Crotty, die englische Ehefrau von Rolex-Gründer Hans Wilsdorf, die mit ihrem Mann kurze Zeit Eigentümerin des Anwesens war, den Ort als wahre »Perle des Sees« bezeichnet hatte, heißt auch dieser Teil des Parkgeländes »Perle du Lac«.

[48] Musée d'histoire des sciences

Mi–Mo 10–17 Uhr, Eintritt frei

Die 1828/30 vom Pariser Architekten Félix Callet entworfene Villa verdankt sich dem Auftrag der Genfer Bankiers François und Constant Bartholoni (1796–1881), die den Genfern auch ihr Konservatorium an der Place de Neuve schenkten. Sie waren Abkömm-

Hans Wilsdorf 1881–1960, Uhrenhersteller. Aus Franken stammend, gründete Wilsdorf 1905 in London einen Uhrengroßhandel. 1908 ließ er den Markennamen »Rolex« für seine Firma eintragen, die seit 1919 in Genf ansässig ist. Wilsdorfs Vision waren präzise gehende Armbanduhren, und weil er selbst kein Tüftler war, musste er die genialen Uhrmacher erst finden. 1910 gelang es ihm, das weltweit erste Chronometerzertifikat für Armbanduhren zu erlangen. Spätestens nach dem Siegeszug der »Oyster« von 1926, der ersten wasser- und staubdichten Uhr, war Wilsdorfs Firma »Rolex« eine Weltmarke.

linge von Florentiner Flüchtlingen, die – wie so viele – im 16. Jahrhundert nach Genf gekommen waren. Für das Innendekor im pompejischen Stil und die aufwendige Freskenmalerei beschäftigten die Bauherren etwa zwei Dutzend italienische Künstler.

Seit 1964 ist in der prachtvollen klassizistischen Villa mit ihren unübersehbar italienischen Anklängen Genfs naturhistorisches Museum untergebracht. Dieses in der Schweiz einzigartige Museum spiegelt auch die Geschichte Genfs als Wirkungsstätte berühmter Chemiker, Physiker, Meteorologen und Mediziner wider. Das Museum präsentiert in seinem sorgfältig restaurierten Inneren eine Sammlung wertvoller alter Instrumente, die Wissenschaftler vom 17. bis zum 19. Jahrhundert für ihre Forschungen benutzten. Unter den Exponaten ist auch die Ausrüstung, die der Genfer Mont Blanc-Besteiger Horace-Bénédict de Saussure bei sich hatte, als er 1787 auf dem höchsten Alpengipfel wissenschaftliche Experimente durchführte. Neben Schauräumen zur Optik, Astronomie und Elektrizität ist vor allem der Ausflug in die Medizingeschichte faszinierend. Wegen der prächtigen Räume und der großartigen Ausblicke auf den See lohnt sich ein Museumsbesuch auch für diejenigen, die für Naturwissenschaften nichts übrig haben.

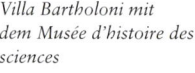

Villa Bartholoni mit dem Musée d'histoire des sciences

Im Sommer gibt es draußen vor dem Eingang auch Liegestühle und eine Buvette mit Getränke- und Imbissangebot – und abends legt der DJ zum Salsatanzen auf!

74

[49] Parc Barton

Villa Barton

Der Spaziergang führt am Seeweg weiter auf die nächste große »Liegewiese« des Parc Barton, an dessen oberen Rand sich die rosafarbene Villa Barton erhebt. Sie gehört zum renommierten Graduate Institute of International and Development Studies, das im dahinterliegenden Parkgelände seinen Sitz hat. Die Villa, die Robert Peel, Sohn des berühmten englischen Premierministers, 1858 kaufte und im Stil eines englischen Cottages umbauen ließ, ist 1960 renoviert und ihrem jetzigen Zweck angepasst worden.

Berühmter als das Gebäude ist der englische Landschaftspark hinter dem Haus, in dem Peel viele Nadelhölzer pflanzen ließ, und – dem Zeitgeschmack folgend – riesige kalifornische Sequoia-Bäume, die heute dem Anwesen seinen besonderen Charakter verleihen. Dass sie überhaupt noch stehen, verdankt sich Peels Tochter, Victoria Alexandrina Barton, die das Grundstück 1892 erbte und es 1935 der Eidgenossenschaft vermachte mit der Auflage, es im Ganzen zu belassen und die Bäume nicht zu fällen. Zur Völkerbundzeit galt »Alex« Barton als »Königin Genfs«, die das internationale Publikum in ihrem Salon zusammenführte. Ihr Ehemann, der britische Diplomat Daniel Fitzgerald Barton, ein leidenschaftlicher Musikliebhaber, stiftete der Stadt 1894 den Konzertsaal Victoria Hall in der Nähe der Place de Neuve.

[50] Centre William Rappard / Sitz der Welthandelsorganisation

Führung 1. Fr im Monat, 11 Uhr, Eintritt frei, Foto-ID bereithalten

Wenn man aus dem Sequoia-Wäldchen des Parc Barton wieder herauskommt, sieht man den 2013 eingeweihten Anbau der Welthandelsorganisation (World Trade Organization/WTO) durch die Bäume scheinen, ein Entwurf des Stuttgarter Architekten Jens Wittfoht. Erst wenn man am Zaun entlang den Weg über die Grünfläche hinunter ans Wasser geht, kann man das langgestreckte Gebäude dahinter in Augenschein nehmen. Der gesamte Gebäudekomplex ist nach William Rappard benannt, einem Genfer Diplomaten, der sich nach dem Ersten Weltkrieg für Genf als Völkerbundsitz stark machte und auch den Beitritt der Schweiz befürwortete. Das graue Hauptgebäude wurde 1923–1926 errichtet und war das erste Bauwerk in Genf, das explizit für eine internationale Organisation gebaut wurde, nachdem die Stadt Sitz des Völkerbundes geworden war. Der strenge neoklassizistische Bau des Lausanner Architekten Georges Epitaux hat sein Vorbild in den Palästen von Florenz, spiegelt aber mindestens ebenso den protestantisch-schlichten Charakter Genfs wider. Der gläserne Annex des Centre Rappard, der sich in seiner neuen Leichtigkeit vom mächtigen Hauptgebäude absetzt, möchte auch architektonisch ein Zeichen setzen: kein (vielbeklagtes) Nebeneinander mehr zwischen Genfern und internationaler Diplomatie, sondern ein Miteinander und mehr Transparenz im Stadtbild!

Im Hauptgebäude nahm zunächst die Internationale Arbeitsorganisation (International Labor Organization/ILO) ihre Arbeit auf. Sie war 1919 als Teil des Versailler Friedensvertrages gegründet worden, denn spätestens nach der Oktoberrevolution hatte man erkannt, dass auch soziale Ungleichheit den Weltfrieden bedrohen konnte. Obwohl seit 1995 die WTO hier ihren Sitz hat, ist im Inneren des Gebäudes vieles aus der Entstehungszeit erhalten geblieben. Die grandiosen Wandpaneele in Form von Gemälden und Kacheln – meistens Auftragsarbeiten verschiedener Gewerkschaftsorganisationen – illustrieren in der typischen symbolischen Überfrachtung ihrer Zeit die Ideale der Menschheit: Frieden, Gerechtigkeit, Arbeit für alle. Im Garten dominiert neben der großen Libanon-Zeder die Skulptur »L'Effort humain«, ein ausdrucksstarkes Ensemble vorwärts drängender Figuren des Genfer Rodin-Schülers James Vibert (1872–1942) von 1935. An diesem Teil des Sees genießt man den schönsten und weitesten Blick auf den See und linker Hand auf den Höhenzug des Jura.

Skulptur »L'Effort humain« von James Vibert

[51] Botanischer Garten

Apr.–24. Okt. 8–19.30 Uhr; 25. Okt.–März
9.30–17 Uhr; Gewächshäuser bis 17 Uhr, Eintritt frei

Als nächstes betritt man den Jardin botanique, der 1904
aus Platzgründen vom innerstädtischen Parc des Bastions hierher verlegt wurde. Das 28 Hektar große Areal
gehört zu den schönsten und bedeutendsten in Europa. Durch einen Fußgängertunnel gelangt man bequem
unter der stark befahrenen Route de Lausanne auf das
Hauptgelände, wo den Besucher über 16 000 Pflanzenar-
ten erwarten. Nach links kommt man über die Platanen-
allee in den alpinen Garten »Les Rocailles«. In diesem
ältesten und wertvollsten Teil der Anpflanzung spaziert
man durch die Flora der Schweizer Alpen genauso wie
durch die Pflanzenwelt der Bergregionen Nepals, Chinas
und Südamerikas. Über die Ecke mit den geschützten
Pflanzen der Schweiz erreicht man den Jardin d'hiver
(Wintergarten) mit seinem prächtigen Gewächshaus im
typischen Jahrhundertwendestil. Geht man am dahinter
liegenden Wasserbecken vorbei bis zur Blumenmauer
und dann links entlang weiter an der Einzäunung in
Richtung Ausgang (Avenue de la Paix), hat man einen
sehr guten Blick auf das Völkerbundpalais, das sich jenseits der Bahnlinie erstreckt.

[52] UNO-Viertel

Achten Sie beim Verlassen des Botanischen Gartens auf das links gegenüberliegende grün schimmernde Oval der World Meteorological Organization (WMO), dessen gläserne Fassade – bewusst umweltfreundlich gestaltet – wie eine thermische Membran wirkt: im Sommer kühlend und im Winter wärmend. Rechts die Avenue de la Paix hinauf schließen sich gleich jenseits der Bahn die spitz zulaufenden Glasbauten des 2014 eingeweihten Maison de la Paix an, in dem sich zahlreiche Forschungsinstitute befinden, die sich den internationalen Beziehungen widmen.

Weiter bergauf nähert man sich dem Herzen des internationalen Genf – einem Quartier, das vor hundert Jahren noch ausgesprochen ländlich war. In den sechziger Jahren setzte hier ein Bauboom ein, der die einst von herrschaftlichen Domänen und dörflicher Struktur geprägte Gegend vollkommen umgepflügt hat. Heute ist das gesamte Areal von hier bis Pregny und Grand-Saconnex »UNO-Land« mit einer Infrastruktur, die die gesamte »international community« aus Beamten, Diplomaten und Aktivisten in einer Weise örtlich zusammenbringt, wie es nur eine kleine Metropole wie Genf vermag.

Auf Höhe der Place des Nations sieht man auf beiden Seiten des Eingangs zum Palais des Nations die großen

Maison de la Paix

Oben: »Der zerbrochene
Stuhl«
Rechts: Weltorganisation
für geistiges Eigentum,
vorn die Kanone »Frie-
den«, aufgestellt zur Ab-
rüstungskonferenz 1983

Friedensfresken des 2015 mit 106 Jahren verstorbenen Luzerner Künstlers und Pazifisten Hans Erni. Der Zugang entlang der eindrucksvollen Fahnenreihe für die 193 UNO-Mitgliedstaaten ist aber nur für UN-Mitarbeiter und Diplomaten (Besuchereingang etwa 300 Meter weiter auf der Avenue de la Paix am Portal Pregny).

[53] Place des Nations

Das Erste, was ins Auge fällt auf dem Platz, der als Herzstück des »internationalen Genf« gelten kann, ist der gigantische kaputte Stuhl – eindrucksvolles Mahnmal für die Opfer von Personenminen. In Auftrag gegeben wurde die zwölf Meter hohe Arbeit mit dem abgebrochenen vierten Bein 1997 von der Organisation Handicap International als Aufruf zur Unterzeichnung der Konvention über das Verbot von Antipersonenminen. Aber dann fand das Werk des in Genf lebenden Daniel Berset (geb. 1953), das ursprünglich nur drei Monate stehen sollte, so viel Anklang, dass man es dort beließ. Der Stuhl steht auf der springbrunnenbespielten Esplanade des Nations, einem ebenfalls symbolischen, erst 2007 angelegten Platz: Hier befindet man sich auf wahrhaft internationalem Territorium, denn die abwechselnd angeordneten Granitplatten stammen aus verschiedenen UN-Staaten, während die Betonplatten aus der Schweiz den typischen Genfer Straßenbelag abbilden. Pläne aus den fünfziger Jahren für eine einheitliche Bebauung der Place des Nations scheiterten, und so prägen heute unterschiedliche Architekturstile den Platz, der dadurch ein bisschen beliebig wirkt. Umgeben ist die Anlage von den Büro-Hochhäusern der UN-Sonderorganisationen WIPO (World Intellectual Property Organization/Weltorganisation für geistiges Eigentum), ITU (International Telecommunications Union/Fernmeldeunion) sowie dem Sitz des UNHCR (UN High Commissioner for Refugees/Flüchtlingshilfswerk) – in der Stadt der protestantischen Flüchtlinge eine bedeutsame Institution. Schade, dass der nach einem Architekturwettbewerb 1995 fertiggestellte Neubau nicht überzeugt, zumal er den flachen weiß-geschwungenen Bau davor komplett in den Schatten stellt. Die ehemalige »Garage des Nations«, eine Tankstelle, deren architektonische Dynamik die frühe Automobil- und Fortschrittsbegeisterung wunderbar zum Ausdruck brachte, gilt als eines der Meisterwerke des Genfer Architekten und Stadtplaners Maurice

Braillard (hier gemeinsam mit seinem Bruder Pierre, 1935/36). Seit 1995 ist der Flachbau dem UNHCR als Informationszentrum angegliedert.

Die ITU – 1865 als »Telegraphenunion« gegründet – ist nicht nur die älteste internationale Organisation des UN-Systems, ihr hochaufragendes Gebäude ist auch das erste, das nach dem Zweiten Weltkrieg im Umkreis des Palais entstanden ist. Die auffälligste Architektur der gesamten Anlage gehört jedoch der WIPO. Machte schon die konkav gekrümmte blaue Glasfassade von Pierre Braillard (1978) von sich reden – elegant kombiniert mit einem Wasserfall und schönen alten Bäumen – so gilt dies erst recht für den neuen Konferenzsaal davor. Die mit über 10 000 Schindeln bedeckte Holzkonstruktion von Behnisch Architekten aus dem Jahr 2014 öffnet sich durch ihre verglaste Front zur Place des Nations hin und scheint über die Straßenecke zu schweben.

Geht man nun die Avenue de la Paix weiter hinauf, zweigt gleich nach dem Tor des Palais rechts ein kleiner Pfad ab, der am Zaun entlang unter alten Bäumen auf das Ariana-Museum zuführt. Auf dem Weg passiert man frisch gepflanzte japanische Kirschen und die Replik einer aus Tokio stammenden Tempelglocke, die auf Umwegen in die Schweiz gekommen war und 1930 von der Stadt Genf zurückgegeben wurde. Eine schweizerisch-japanische Freundschaftsgesellschaft stiftete 1991 die Nachbildung.

Eingang zum Palais des Nations mit der Fahnenreihe für die 193 UNO-Mitgliedstaaten

[54] Musée Ariana

Di–So 10–18 Uhr, Eintritt Dauerausstellung frei

Das »Ariana« als Schweizer Museum für Glas und Keramik ist eines der ungewöhnlichsten Museen Genfs. Die Sammlung von 20 000 Objekten aus sieben Jahrhunderten, die sich dem Genfer Kunstsammler Gustave Revilliod verdankt, zählt zugleich zu den bedeutendsten europäischen Einrichtungen im Bereich der Glas- und Keramikkunst. Der wohlhabend aufgewachsene Revilliod reiste viel und sammelte umfassend, unter anderem Malerei, Möbel und wertvolle Bücher. Der Bau für seine Glas- und Keramikkollektion, die er seiner Mutter Ariane de la Rive widmete, wurde vom Erbauer des Grand Théâtre, Jacques Elysée Goss, vollendet. 1884 wurde das Gebäude mit seinem Stilmix aus neoklassizistischen und neobarocken Elementen eingeweiht. Das in den neunziger Jahren aufwendig restaurierte Museum mit seiner speziellen Sammlung lockt vielleicht nicht jeden, aber ein Blick ins großzügige Oval der palastartigen Säulenhalle lohnt sich, zumal Eintritt nur für die Sonderausstellungen erhoben wird. Unbedingt empfehlenswert und ein echter Geheimtipp ist ein Besuch des kleinen Cafés auf der Galerie – im Sommer schaut man vom selten überfüllten Terrassenrund auf das Palais des Nations und bei guter Sicht auch auf den schneebedeckten Mont Blanc!

Denkmal für Mahatma Gandhi im Parc Ariana

83

[55] Internationales Rotkreuz- und Rothalbmondmuseum

Di–So 10–17 Uhr, dt. Audioguide erhältlich

Verlässt man den Ariana-Park über die Hauptzufahrt und wendet sich dann nach rechts weiter die Avenue de la Paix hinauf, sieht man auf der linken Seite schon von weitem die Fahne des Roten Kreuzes wehen. Diese Umkehrung der Schweizer Flagge zu Ehren ihres Gründers Henri Dunant wurde 1864 als Erkennungszeichen der Hilfsorganisation festgelegt; fast ebenso lange benutzen islamische Gesellschaften den Roten Halbmond. Das Gebäude, heute Sitz des Internationalen Komitees vom Roten Kreuz, war ursprünglich Internat und damit eine der vielen – noch heute existierenden – internationalen Privatschulen rund um den Genfer See. Nach dem Ersten Weltkrieg als vorläufiger ILO-Sitz genutzt, wandelte sich das Haus zum Hôtel Carlton, bis 1946 endgültig das Rote Kreuz dort einzog.

Seit 1988 existiert das Museum, das mit moderner Technik über Geschichte und Aufgabenbereich der Hilfsorganisation informiert und mit einer 2013 rundum erneuerten Präsentation überzeugt. Hat man »les Pétrifiés« am Eingang passiert – jene Gruppe von eingewickelten und mundtot gemachten Gestalten als Ausfluss von Menschenrechtsverletzungen –, erwarten einen im Inneren drei Ausstellungsbereiche. »Verteidigung der Menschenwürde« des Brasilianers Gringo Cardia präsentiert Dunants Arbeit vom Solferino-Erlebnis bis zur Genfer Konvention, deren Originaldokument von 1864 ausgestellt ist. Der Ausstellungsteil »Familienzusammenführung« von Diébédo Francis Kéré aus Burkina Faso behandelt die Sisyphos-Aufgabe des Roten Kreuzes, nach Kriegen oder Naturkatastrophen Vermisste aufzuspüren und Familien wieder zusammenzubringen. »Begrenzung der Naturkatastrophen« des Japaners Shigeru Ban hat die humanitäre Präventionsarbeit der Hilfsorganisation zum Thema.

[56] Palais des Nations (Völkerbundpalais)

Führungen Juli/Aug. Mo–Sa 10–16 Uhr;
Apr.–Juni Mo–Sa und Sep.–März Mo–Fr 10–16 Uhr,
aber nicht durchgehend geöffnet (www.unog.ch),
Foto-ID bereithalten

Als die Stadt Genf bei der Entscheidung über den Völkerbundsitz 1919 gegen ihre Hauptkonkurrenz aus Brüssel gewann, war die Neutralität der Schweiz ein wichtiges Argument, aber US-Präsident Wilson missfiel auch, dass Belgien eine Monarchie war. Brüssel als Hauptstadt hätte sich mit der Infrastruktur für die neue internationale Organisation möglicherweise leichter getan, denn am Genfer See musste alles erst neu erdacht und gebaut werden: Großbahnhof, Flughafen und schließlich das Völkerbundgebäude. Der Kauf des Hôtel National am späteren Quai Wilson war eine Vorentscheidung: nach und nach wurden in den zwanziger Jahren benachbarte Seegrundstücke aufgekauft, sofern sie nicht ohnehin schon in öffentlichem Besitz waren.

Als der amerikanische Ölmilliardär John D. Rockefeller jr. dem Völkerbund 1927 die damals recht großzügige Summe von zwei Millionen Dollar für eine Bibliothek schenkte, musste man umdenken, weil der bisherige Bauplatz dafür nicht ausreichte. Die Planer verfielen auf den Ariana-Park, ein 45 Hektar großes Gelände weiter oberhalb des Sees, das der Millionär Gustave Revilliod der Stadt 1890 vermacht hatte – allerdings, um der Öffentlichkeit die Parklandschaft mit ihrem alten Baumbestand zu erhalten. Gemeinsam mit den Revilliod-Nachkommen gelangte man zu einer Ei-

Himmelskugel (1939)
von Paul Manship

85

Le Corbusier
1887–1965, Architekt. Er machte sich mit einfachen, funktionalen Formen einen Namen und gilt als einer der einflussreichsten Architekten des 20. Jahrhunderts. In Genf setzte sich Le Corbusier mit einem kühnen Glasfassadenbau ein Denkmal: Das im Jahr 1932 geradezu revolutionär anmutende Maison Clarté war Genfs erster Stahlskelettbau (Rue St. Laurent 2–4). Mit seinem Entwurf für den Völkerbundpalast konnte er sich aber nicht durchsetzen. Dem schließlich verwirklichten Projekt warf er vor, Elemente seines Entwurfs plagiiert zu haben; seine Klage auf Schadenersatz löste eine hitzige Pressedebatte aus, blieb aber erfolglos.

nigung und konnte 1929 mit dem Bau beginnen. Es gab eine lange Kontroverse über die architektonische Umsetzung der Völkerbundsidee und eine internationale Ausschreibung, an der u. a. Le Corbusier teilnahm. Am Ende wurden fünf Architekten mit der gemeinsamen Planung beauftragt: der Schweizer Julien Flegenheimer, die Franzosen Camille Lefèvre und Henri-Paul Nénot, der Italiener Carlo Broggi und der Ungar Joseph Vago.

Als das majestätische fünfflügelige Palais des Nations 1938 endgültig fertig war, stand im Ariana-Park Europas größtes öffentliches Gebäude. Schmerzvolle Erfahrung der Geschichte: gerade vollendet, wurde das Gebäude kaum mehr gebraucht. Spätestens mit der italienischen Abessinienbesetzung 1935 und Hitlers Einmarsch ins Rheinland 1936 war der Völkerbund als Instrument internationaler Friedenssicherung gescheitert. Das Palais wurde geschlossen und erst 1946 als europäischer Sitz der UNO wieder in Betrieb genommen.

Passend zur humanitären Tradition der Stadt stehen hier heute Katastrophenhilfe, der Schutz von Flüchtlingen und die Menschenrechte im Mittelpunkt. Zwei Anbauphasen – die letzte 1973 – verdoppelten die Bürofläche: Heute verfügt der 600 Meter lange UN-Komplex über 2800 Büros und 34 Konferenzräume. Der streng klassizistisch komponierte und mit Marmor verkleidete Bau im typischen Monumentalstil der Zeit besticht auch im Inneren mit seiner Eleganz: Türen, Beleuchtung und

Sitzmöbel in den weiten Gängen und Treppenhäusern sind feinstes Art Déco! Viele der von den Mitgliedsstaaten individuell gestalteten Tagungsräume und Salons aus der Anfangszeit – Schenkungen an den Völkerbund – sind nach sorgfältiger Restaurierung im Originalzustand erhalten, allerdings nicht Teil der öffentlichen Führung.

Geführt wird man durch die weite marmorne Wandelhalle (»Galerie des Pas-Perdus«) mit ihren monumentalen Art Déco-Türen und den großen Wandbildern »Krieg« und »Frieden« von Anne Carlu (1951). Von dort hat man einen phantastischen Blick auf den Park, den See – und bei gutem Wetter auch auf den Mont Blanc. Im Wasserbecken des Parks steht die bronzene Himmelskugel des Amerikaners Paul Manship (1939), die die unterschiedlichen Kulturen der Welt harmonisch vereint. Eine weitere Attraktion des Rundgangs ist der Ratssaal (»Salle du Conseil«), der einem der zwei höchsten Völkerbundgremien vorbehalten war. Die schweren dunkelgrünen Polstermöbel, die originalen Messingbeschläge und die goldschwarzen allegorischen Deckengemälde des Spaniers José-Maria Sert verleihen dem Raum eine wuchtig-bedeutsame Eleganz. Andere Höhepunkte der öffentlichen Führung sind der in den sechziger Jahren neugestaltete große Plenarsaal (»Salle des Assemblées«) und der moderne Saal der Allianz der Kulturen mit der blau-bunten Stalaktitendecke (2010) des Spaniers Miquel Barceló, der das Meer als Versprechen auf eine neue Zukunft deutet.

Roman »Die Schöne des Herrn« (1968)
»Vor dem Palais des Nations angekommen, genoss er den Ausblick. Er hob den Kopf und atmete tief durch die Nasenlöcher ein, denn er liebte die Macht und sein hohes Gehalt. Beamter ja, er war ein Beamter, Donnerwetter, und er arbeitete in einem Palast, einem riesigen, ganz neuen und hochmodernen Palast, mein Lieber, mit allen Bequemlichkeiten! ›Und steuerfrei‹, murmelte er, als er zum Eingang ging.« Adrien Deume in Albert Cohens (1895–1981) großem Roman über Liebe, Leidenschaft und das diplomatische Leben im Genfer Völkerbundmilieu der dreißiger Jahre.

Ratssaal im Palais des Nations

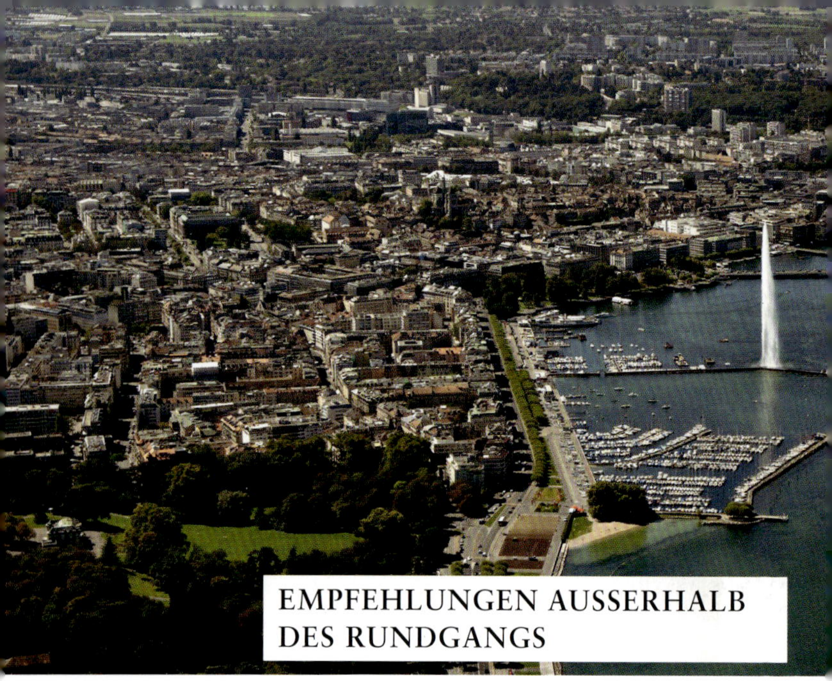

EMPFEHLUNGEN AUSSERHALB DES RUNDGANGS

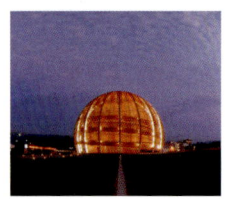

[57] Europäische Organisation für Kernforschung (CERN)

Die Europäische Organisation für Kernforschung, CERN, liegt in Meyrin, nur wenige Autominuten von Genf entfernt. Das 1954 gegründete, weltweit bedeutendste physikalische Forschungszentrum mit dem Schwerpunkt Teilchenphysik hat 21 Mitgliedsstaaten und beschäftigt mehr als 10 000 Mitarbeiter aus 110 Ländern – Deutschland, eines der Gründungsmitglieder, ist der größte Beitragszahler. Hier, wo die Quarks, die mit dem Teilchenbeschleuniger »Large Hadron Collider« auf Lichtgeschwindigkeit beschleunigten Elementarteilchen unterirdisch durch einen 22 Kilometer langen, teilweise in Frankreich liegenden Kreistunnel rasen, werden die fundamentalen Gesetze unseres Universums erforscht. Im Juli 2012 machte das CERN spektakuläre Schlagzeilen mit dem Fund des lange gesuchten Higgs-Bosons. Weltbekannt wurde das CERN 1993, als Tim Berners-Lee hier das World Wide Web konzipierte. Das 27 Meter hohe und 40 Meter breite Globe-Gebäude beherbergt das Besucherzentrum des CERN mit einer Dauerausstellung *(Mo–Fr 8.30–17.30 Uhr, Sa 9–17 Uhr)*. CERN-Führungen sind nur nach frühzeitiger Anmeldung über *visits.service@cern.ch* möglich.

[58] Fondation Martin Bodmer

Der Nobelvorort Cologny, vor allem bekannt als Villenviertel der internationalen Millionärsklientel am Genfer See, ist seit 2003 um eine Attraktion reicher. Der Tessiner Architekt Mario Botta baute für die einzigartige Bibliotheca Bodmeriana des Büchersammlers und Mäzens Martin Bodmer (1899–1971) neue Räume (*Di–Sa 14–18 Uhr*). Unterirdisch gelegen, beeinträchtigt der moderne Erweiterungsbau nicht die alten Villen auf dem schön gelegenen Grundstück mit Seeblick. Bodmers 1951 von Zürich nach Cologny überführte Sammlung vertritt den Anspruch, mit ihren Autographen und Erstausgaben die ganze Weltliteratur zu spiegeln. Historiographisch ruht die Präsentation auf den fünf Säulen Homer, Bibel, Dante, Shakespeare und Goethe. Unter den 150 000 Werken aus drei Jahrtausenden sind alle Weltkulturen und Religionen vertreten. Zu den Prachtstücken der Sammlung gehören die berühmten Bodmer-Papyri aus der Antike, das Johannes-Evangelium aus dem 2. Jahrhundert und die Urfassung der Grimmschen Märchen. Im Rahmen seines kulturpolitischen Dienstes für das IKRK vermittelte Bodmer im Zweiten Weltkrieg mehr als eine Million Bücher an Kriegsgefangene.

[59] Carouge

Obwohl die 20 000-Seelen-Gemeinde nur auf der anderen Seite des Flusses Arve liegt und mit dem Auto oder der Tram 12 von der Place de Neuve in ein paar Minuten zu erreichen ist, könnte der Unterschied zu Genf kaum größer sein. Das charmante Städtchen, dessen niedrige, kleinteilige Bebauung in geraden Straßenzügen um die hübsche Place du Marché angelegt ist, versprüht südlichen Charme und eine Lebensart, die an Italien erinnert. Das ist nicht verwunderlich, denn den Auftrag, Carouge zu errichten, gab der sardinische König Karl Emanuel II. (1634–1675), der zugleich Herzog von Savoyen war und dem Erzrivalen Genf eine eigene Kommune direkt vor die Nase setzen wollte. Von Beginn an tolerant, bot das katholische Carouge auch jüdischen Flüchtlingen und Protestanten, denen Genf zu diszipliniert war, eine Heimstatt. Heute gilt der Ort seiner Künstler und attraktiven Kleingewerbler, aber auch seiner Straßencafés wegen als »Greenwich Village« Genfs.

[60] Coppet

Das schmucke, im 14. Jahrhundert gegründete Dorf (3000 Einwohner) am Ufer des Genfer Sees liegt bereits im Waadtland, ist aber nur zwanzig Autominuten von Genf entfernt und als Ausflugsziel unbedingt zu empfehlen. 1784 kaufte sich Jacques Necker das auf den Fundamenten einer mittelalterlichen Burg erbaute Schloss Coppet als Ruhesitz und renovierte es. Seine glanzvollsten Tage erlebte es erst nach seinem Tod, als seine temperamentvolle Tochter Germaine (1766–1817) dort Hof hielt. Den schwedischen Diplomaten de Staël-Holstein heiratete sie, aber Liebesbeziehungen unterhielt sie zu anderen Männern. Ihr Buch »De l'Allemagne«, das auf zwei ausgedehnten Deutschlandreisen fußt, gilt nach wie vor als eine der international bekanntesten Schriften über Deutschland. Die Schriftstellerin ist im schönen Schlosspark begraben, in dem im Sommer auch Blumenfeste stattfinden. Das Schloss *(Ostern–Okt.14–18 Uhr)*, nach wie vor in Familienbesitz, bietet mit seinem erhaltenen Privatinterieur einen persönlichen Einblick in die Zeit des 18. und 19. Jahrhunderts. Am schönsten ist eine Anreise mit dem Schiff vom Genfer Quai du Mont-Blanc – in Coppet sind Ort und Schloss nur wenige Minuten vom Anleger entfernt.

[61] Salève

Der 1380 Meter hohe Kalkrücken, der sich mit einer schroffen Wand über die Stadt erhebt, ist ein lohnendes Ausflugsziel. Bei klarem Wetter hat man von dort oben einen traumhaften See- und Mont Blanc-Blick. Der Salève ist geologisch sehr interessant, denn das 150 Millionen Jahre alte Gestein, das wie ein Berg ausschaut, lag mal unter Wasser. Obwohl er als Hausberg Genfs gilt, liegt er bereits 400 Meter hinter der Grenze in Frankreich und wird auch von Savoyen als Sehenswürdigkeit beansprucht. Wer motorisiert ist, kann von hinten mit dem Auto hinauffahren. Das schönere Erlebnis bietet aber eine Fahrt mit der 1932 gebauten Luftseilbahn, der avantgardistischen »Téléphérique« von Maurice Braillard, die eine Zahnradbahn von 1892 ersetzte und den Reisenden in wenigen Minuten zur Bergstation in 1097 Metern Höhe bringt. Für Naturfreunde führt ein geologisch-botanischer Wanderweg hinauf, der auf zwölf Stationen die Besonderheiten der Gegend erklärt. Wer kein Auto hat, nimmt den Bus Linie 8 vom Bahnhof Cornavin bis Veyrier-Douane, von da sind es nur ein paar Minuten Fußweg bis zur Talstation.

[62] Mamco (Musée d'art moderne et contemporain)

Das Museum in der Rue des Vieux-Grenadiers 10, das sich der Sammlung zeitgenössischer Kunst seit den 1960er Jahren widmet, ist das größte seiner Art in der Schweiz. Seine Eröffnung 1994 in einem ehemaligen Industriequartier wertete das gesamte Viertel auf und war der Auftakt zur Ansiedlung einer lebendigen Galerienszene um die benachbarte Rue des Bains, die mit ihren Cafés und Restaurants eine der Ausgehmeilen im angesagten Universitäts- und Junge-Leute-Viertel Plainpalais ist. Eine ehemalige Fabrikhalle von 3500 m² gibt das perfekte Ambiente ab für Ausstellungen – in 20 Jahren immerhin 450 –, die alle drei Monate erneuert werden. Neben der Präsentation der eigenen Sammlung ist das Museum bekannt für seine Künstlerretrospektiven. Besonderer Wert wird dabei auf die Kunstszene der Schweiz und des Genfer Umlandes gelegt, z.B. mit Ausstellungen der Künstler John M. Armleder, Thomas Huber und Sylvie Fleury *(geöffnet Di–Fr 12–18 Uhr, 1. Mi im Monat bis 21 Uhr, Sa–So 11–18 Uhr)*.

[63] Musée Patek Philippe (Uhrenmuseum)

Wer sich für Uhren begeistert und auch historische Modelle liebt, ist hier richtig. Die Firma Patek Philippe, Genfer Hersteller von Luxusuhren, verwandelte 2001 eine ehemalige Uhrenfabrik in der Rue des Vieux-Grenadiers 7 in ein Museum (*Di–Fr 14–18 Uhr, Sa 10–18 Uhr*). Antoni Patek de Prawdzic, der 1812 im polnischen Piaski geborene Firmengründer, emigrierte 1835 ins nahegelegene Versoix (Kanton Waadt) und änderte seinen Vornamen schnell in Antoine um. Seine 1839 gegründete Manufaktur landete 1844 mit ihrem neuartigen Aufzugssystem für Taschenuhren einen großen Erfolg und zog ein Jahr später mit dem Uhrmacher Jean-Adrien Philippe einen neuen Partner an Land. Der Gründungsstory und wertvollen Schaustücken aus 150 Jahren Firmengeschichte mit ihren berühmten »Complications«uhren widmet sich das erste Stockwerk. Das zweite bietet einen umfassenden historischen Überblick über die Uhren- und Schmuckdeckelherstellung von 1500 bis 1850 in Genf und dem übrigen Europa.

[64] Musée des Suisses dans le Monde (Museum der Auslandschweizer)

1850 lebten 50 000 Schweizer im Ausland, zur Zeit sind es etwa 750 000. Dem soziologischen Phänomen der Emigration, den Auswanderern und ihrer Geschichte widmet sich das seit 1978 bestehende und in der Schweiz einzigartige Museum am Chemin de l'Impératrice 18 mit Originaldokumenten und Literatur, Porträts, Kleidung und Möbeln (*Di–So 10–17 Uhr*). Sein Domizil – in begehrter Lage oberhalb des Sees und nicht weit vom Völkerbundpalais entfernt – ist Schloss Penthes, ein Anwesen, das sich bis ins 14. Jahrhundert zurückverfolgen lässt und verschiedene adlige Besitzer und Umbauten erlebte. 1870 erhielt der seezugewandte Teil des Schlosses eine umfangreiche zeitgemäße Restaurierung. Das reizvolle Museum bietet auch attraktive Sonderausstellungen, und die gesamte Domäne lohnt wegen des großartigen Seeblicks einen Besuch. Auf dem Gelände sorgt ein ambitioniertes Restaurant für gutes Essen (abends nur an wenigen Tagen geöffnet!), und wer mag, spaziert durch den weitläufigen öffentlichen Park über den Botanischen Garten hinunter an die Seepromenade.

[65] Musée Voltaire

Das charmante geradlinige Landhaus aus dem 18. Jahrhundert in der Rue des Délices 25 beherbergte den berühmten Philosophen Voltaire während seiner Genfer Jahre von 1755 bis 1760. Über die Vermittlung der angesehenen Bankiersfamilie Tronchin kam Voltaire an diesen weitläufigen Landsitz, den er in »les Délices« (die Freuden) umtaufte und für die Unterbringung seiner zahlreichen Gäste um verschiedene Anbauten erweiterte. Das Theater, mit dem Voltaire Genfs calvinistische Politikerkaste gegen sich aufbrachte, steht nicht mehr, aber Besucher können nach wie vor die französische Gartenanlage bewundern. Das 1952 gegründete und auf einer Schenkung des britischen Voltaireforschers Theodore Bestermans aufgebaute Museum widmet sich in einer hübschen kleinen Dauerausstellung dem Leben und Werk Voltaires *(Mo–Sa 14–17 Uhr)*. Die zur Bibliothèque de Genève gehörende Institution verfügt auch über eine wissenschaftliche Bibliothek zum 18. Jahrhundert. Nicht zu verwechseln mit dem Musée ist das Château Voltaire, letzter Wohnsitz des Philosophen im französischen Ferney-Voltaire gleich hinter der Grenze.

[66] Die Weinregion des Mandement

Die weltberühmten Weinterrassen von Lavaux zwischen Lausanne und Montreaux liegen nicht mehr im Einzugsbereich Genfs und brauchen mindestens eine Stunde Anreise. Schneller kommt man ins sogenannte Mandement, die größte Weinbaugemeinde der Schweiz rund um das Örtchen Satigny, nur fünfzehn Autominuten von Genf entfernt. Wer kein Auto hat, gelangt mit dem stündlich verkehrenden Vorortzug Genève-La Plaine vom Genfer Bahnhof Cornavin bis Satigny. Das Genfer Weinland hat in den letzten Jahrzehnten qualitativ aufgeschlossen zu den großen Weinkantonen wie Waadt oder Wallis, und die Gründung von Kooperativen wie Cave de Genève SA, die auch in Satigny Kellerbesichtigung (nach Anmeldung) und Weinverkostung bieten (Rue du Pré-Bouvier 30), haben den regionalen Weinbau reaktiviert. Von Satigny aus kann man auf einem ausgeschilderten Weinwanderweg einen herrlichen Spaziergang durch die Rebflächen zu den romantischen Weindörfern Peissy und Russin machen und von dort wieder den Zug zurück nach Genf nehmen.

Register

Genf. Ein Stadtführer
1. Auflage, 2016

Text: Ilona Stölken
Karten: OpenStreetMap-Mitwirkende, geodressing.de
Fotos: Günter Müller, außer: Bkornmann (91o), Guillaume
Fürst (S. 93), Wouter Hagens (S. 29), Pierrot Heritier (S. 90o),
Hôtel Mandarin Oriental, Genève (S. 16), Jacklee (S. 89),
Ju-Elle (S. 90u), Moumou92 (S. 92o), Musée des Suisses
dans le Monde (S. 92u), Romano1246 (S. 91u), Schweizer
Luftwaffe (S. 14/15, 88/89), Gérald Sciboz (S. 79),
TMC-MICE/Moskau (S. 65), Yann (S. 26), Verlagsarchiv
Gestaltung, Satz: Mareike Bardenhagen, Lehmstedt Verlag
Herstellung: Westermann Druck Zwickau GmbH

Umschlag:
1 Blick von St. Pierre zum Genfer See
2 Nationaldenkmal
3 Kathedrale St. Pierre
4 Hauszeichen am Place du Molard Nr. 4
S. 1 Genfer Wappen am Alten Arsenal

© Lehmstedt Verlag, Leipzig, 2016
www.lehmstedt.de